5大穩健理財觀念 × 年化報酬率**50**%投資心法，
30歲前達成買房目標！

價值投資翻身筆記

Kelvin 價值投資 著

目錄 CONTENTS

前　言　打造「投資獲利與生活兼具」的人生 05

PART I　理財筆記：財富累積的根本

01　理財，決定你的投資速度 12
02　同時開源與節流，提高你的正現金流 25
03　你以為的資產，可能其實是負債！ 33

PART II　思維筆記：價值投資的核心

04　什麼是價值投資？ 40
05　價值投資的核心觀念 50

06　價值投資的優勢......58

07　價值投資的挑戰......64

08　該如何開始選股？......73

PART III　獲利筆記：找出帶來高報酬的低估股票

09　開始分析一家公司......88

10　判斷公司的盈餘品質......95

11　毛利率品質才是關鍵！......104

12　預估未來獲利......114

13　估值、目標價格與安全獲利......125

14　價值陷阱的風險......135

PART IV　風控筆記：如何透視公司本質

- 15　如何分析財務報表？......142
- 16　分散投資與持股配置......155
- 17　投資人的心理陷阱與避免方式......164
- 18　應對市場波動的策略......172
- 19　認知風險、尊重風險、管理風險......179

PART V　成果筆記：漸漸找回時間的自由

- 20　在你的「能力圈」內投資......186
- 21　認清自己的能力上限......192
- 22　利用價值投資原則，持續追蹤與調整......200
- 23　找出最適合自己的投資策略......209

實用工具......217

前　言
打造「投資獲利與生活兼具」的人生

在我開始撰寫這本書之前，我問了自己一個問題：我寫這本書想要達成什麼樣的目的？

是告訴大家投資理財可以致富嗎？不是。

是告訴大家我投資多厲害嗎？也不是。

是鼓勵大家積極投資嗎？更不是。

是我回想自己這一路走來所付出的時間與心力，有多麼不容易，深知身處在這資訊爆炸的時代中，有太多似是而非的資訊或理論，非常容易誤導正要踏入、或者是已經踏入投資領域的人們，讓投資人永遠像在霧裡看花一般。

因此，我想將我目前所累積且已經內化的知識，化為較淺顯易懂的文字，幫助對投資理財領域有興趣的讀者們，培養並建立正確的理財觀念，再循序漸進導入價值投資的概念。

我的家境並不優渥，從小單親並一路租房至成年，更沒有卓越的學歷，但有一顆絕不認命的心，因為從小時常體會什麼叫「同學有」而「我沒有」的心情；同學在聊什麼偶像

劇，我卻因為家中沒有第四台，而無法參與同學的話題；同學在聊什麼最新的遊戲，我卻因為家中沒有電腦，而無法與同學一起同樂。這種久久累積下來、無法言喻的心情，讓我自某個瞬間起便立志：我不希望之後讓家人過著為錢煩惱的生活。

　　所以我一退伍後，就毅然決然離鄉背井，選擇外派至中國工作。以一名社會新鮮人而言，當時我選擇相較之下可能較不輕鬆的職場生活，為的就是讓自己的薪水更高、能夠存下更多錢，也期許自己多看外面的世界。回首一看，我也很慶幸當初做出這樣的決定及覺悟。

　　在中國生活的那段日子，除了上班之外，我幾乎將所有的時間都花在「學習投資理財」上，每天努力學習至少四到六個小時，在這段時間的鑽研下，日積月累地奠定了我投資理財的深厚基礎。同時，外派的高薪水也有利於投資理財，這讓我很快速地累積第一桶金。

　　在投資理財初期，觀念的建立尤為重要，對於一位投資小白來說，最先接收到且認同的資訊，通常會被他視為「真諦」；但他認同的這些資訊，並不一定是正確的觀念，若他身處相當程度的資訊不對稱情境，對於資訊的認知或判斷不足時，便非常容易將錯誤的觀念當作正確的觀念，並在腦海中漸漸根深蒂固、甚至深信不疑，之後要再改變認知就相當

困難了。

因此，這本書最核心且主要的目的便是：協助大家培養正確的價值投資觀念，並降低進入價值投資領域的門檻。這一點非常重要，我希望每一位閱讀這本書的讀者，能從中獲取最寶貴的資訊便在於此，希望各位不再像是一條隨波逐流的魚，而是能在投資界這片汪洋之中，找到屬於自己的投資心法。

這本書絕對不是教你們如何透過價值投資致富，而是描繪了一條「穩健投資」與「聰明理財」的道路。投資理財就好比一條漫長而迂迴的馬拉松賽道，也是一門永遠不會停止學習的課程。

有句俚語是：「與其給他一根釣竿，不如教他如何釣魚。」這本書是我針對自身經驗，分享如何一步一步建立健全的財務基礎，當中沒有什麼能夠打造奇蹟的投資祕訣，只有我如何以價值投資的思維，穩健擴大自己的資產，並分享價值投資入門所需具備的能力，幫助你建立長期且穩定的投資策略。

投資之路的三個時期

在我的投資過程中，總共經歷了摸索期、學習期、爆發期三個時期：

一、摸索期：

　　這是最沒有方向的時期，因為沒有相關的知識與經驗，所以對於投資的一切都還很茫然，這階段可以利用小額資金，嘗試各式各樣的投資方式，不要害怕失敗，像是當沖、融資、融券、期貨、存股、事件交易、新聞題材股等，目的是在這些過程中，找到適合我們的投資方式。

　　這個時期不建議停留太久，我自己是經歷約半年至一年，才發現價值投資是我的本命。

二、學習期：

　　接著我開始花時間鑽研基本面，先學習看懂年報、財報中大部分的內容，像是營業項目與比重、產業資訊、未來發展方向、產品介紹、銷售地區等內容，再學習透過法說會資料與影音，進一步挖掘公司的資訊。

　　因為這時期看重財報，所以投資的公司偏向獲利穩定的民生股，像是聯華食（1231）、櫻花（9911）、崇友（4506）、大成（1210）等耳熟能詳的公司，因為這些穩健的民生股，都是用過去20年、甚至30年的時間，建立起其規模與優勢，這樣的優勢很難在短時間內改變，能夠隨著市場的成長而越加壯大。

　　學習期非常重要，因為這是我們投資的根基，基礎打得

好,後面的投資過程會更有底氣,我自己是歷時一到二年的學習期,但每天花費的時間是四到六小時。

三、爆發期:

接著,我開始認知到僅透過基本面,難以在投資上有更大的突破,因此開始研究產業趨勢,也就是這時候,我從由下而上的選股方式,變成由上而下(這部分會在08章進行介紹)。

隨著以產業趨勢作為投資的主要依據,我開始每天看《Digitimes》、《商業周刊》等刊物,來建立自己對產業的基本概念,只要產業的大趨勢正確,供應鏈中的關鍵廠商必然能夠受惠,這時候只要挑對一個產業,就能夠衍生出許多的投資機會。

也是在這時候,我開始投資AI產業最重要的一家公司──輝達(Nvidia),最終讓我搭上生成式AI的浪潮,獲利500%後陸續出場。這段時期也是我獲利大幅成長的階段:

2020年獲利100%
2021年獲利50%
2022年獲利8%
2023年獲利54%
2024年獲利55%

五年間年化報酬率為50％,繳出我認為相當不錯的成績單。

本書內容皆出自於我對於財務自由之路的探索,是關於個人理解投資領域後所獲得的深刻體悟,並從中建立起屬於自己的投資哲學。我相信沒有任何背景及優勢的我都能夠做到了,正在閱讀這本書的你們一定也可以,我展示的並不是一條獨特的道路,而是不同選擇下的不同結果而已。

現在的我,正致力於實踐「投資獲利與生活兼具」的投資哲學。我認為「投資」的目標是生活品質的提升,與其分秒必爭地盯盤,不如運用「價值投資」,找回時間的自由,做自己生活與時間真正的主人。

儘管我確實花費了大量的心血,傾注於公司研究及分析的世界中,但也讓我得以達成在二十八歲前靠自己買房的里程碑,隨之開始了專職投資的人生;更在三十一歲時有幸擁有第二間房,讓我們小小的一家四口能擁有更舒適的生活空間,讓孩子們能在更理想的環境下成長。

在這個浮躁的投資世界中,我並不是一個指導者,而是一個同行者,我希望這本書能成為你投資旅程中的一位良師益友。我將分享我的經驗、挫折和成功,探討投資世界中的種種,也許能為你提供一些新的思路和觀點。

PART I

理財筆記：
財富累積的根本

01 ▶ 理財，決定你的投資速度

雖然這本書的主軸是投資，但是我認為投資跟理財不應該分開，因為投資需要一定的本金，才會有成效。就像如果我想賺到10萬元，但我的本金只有10萬元的時候，我就必須達到100%的報酬率；反之，要是我的本金已經有100萬元，我只要達到10%的報酬率，就可以賺到10萬元。

這就是本金在投資中的重要性，而理財正是初期本金累積速度的關鍵之一。

理財不但會決定我們在投資初期的進展，還會使我們中後期資產累積的速度有明顯成長。但這卻是很多人會忽略的事情，以為只要投資做得好、未來沒煩惱，殊不知透過投資所賺到的錢，在沒有良好理財觀念的支撐下，依然無法順利累積資產，就像一個杯底有破洞的杯子，不管倒入多少水，永遠都無法把杯子裝滿。

我認為，大部分的人都像我一樣，是個沒有特殊家庭背景、從零開始的一般人，因此理財的重要性也更加凸顯。理財

是打造堅固財務基礎的關鍵，它不僅是一種管理錢的方法，更是建立未來穩定長久的生活條件，最不可或缺的因素。

投資和理財兩者表裡相合，理財就如同建造一座房子前，需要先打好的穩固地基，它必須堅實又強韌，具有應對環境變化的特性，才能夠幫助你應對生活中的各種變數，如突發支出、家庭需求以及日常開支。在這樣的地基上，各種投資策略才能蓋得高聳入天。

投資無疑能夠為財富成長帶來極大的潛力，好比一棟建築中建造每一層樓的過程，你在投資旅程中的成長和經驗，既是對過去學習的累積，也是對未來成長的驅動。但若缺乏堅固的理財作為基礎，崩塌的風險隨時可能到來，讓你人生未來的不確定性，變得更加顯著與棘手。

這個道理我們可以從先前基泰大直的建案有深刻的體會，當初這個建案就是因為地基沒有打穩，承受不住兩側土壤往內擠壓的壓力，導致具支撐功能的連續壁發生斷裂，使得周圍路面下陷、鄰房傾斜。

這次事件提醒著我們在投資和生活中，無論任何事，都需要有堅固的基礎，才能夠建立起更為穩固和持久的事業和財務。

理財不僅是為了確保投資的資金保持在源源不斷的狀態，更是為了在投資的旅程中，能夠有餘裕應對變化。它不

僅涵蓋有效管理日常開支，更包括了儲蓄、預算和適當的風險管理。當你建立穩健的理財基礎時，才有足夠的資本去投資並承擔風險。

理財心態：設定目標，有效管理收入

> 理財的重點不在於賺了多少錢，
> 而在於能存下多少錢。

理財真正的核心是有效管理收入，而不僅僅是追求收入的多寡。

試想看看，有個人月薪6萬，卻是一個月光族；另一個人月薪4萬，每個月卻可以存下1.5萬，那誰具備基本的理財觀念呢？很明顯一定是後者。

為什麼會有這樣子的差異呢？

因為很多人容易隨著收入的增加，同時不斷增加各式各樣的開銷，卻沒有深思這些開銷的真正必要性，像是手遊課金、治裝費、無限度汰舊換新3C產品……等不必要或不

理智的費用。這種行為容易造成財務上的壓力，即使收入提升，儲蓄或理財觀念仍未改善。

懂得有效理財的人，能夠調整自己的消費模式，克制過度花費，將金錢用於更有價值的地方，並將資金用於儲蓄和投資。**成功的理財觀念不僅在於控制支出，更在於明智地運用資金。** 它是一種持久的生活方式和思維模式，而不僅僅是一次性的行為。透過建立健全的理財觀念，可以更加穩健地應對生活中的財務挑戰，同時為未來打下堅實的基礎。

理財目標：
認識自身財務狀況，設定可實現的目標計畫

很多人傾向於在需要資金時才開始儲蓄，或是在面臨醫療需求時才考慮購買保險。然而，真正有效的財務規劃不應該是這樣的，我們需要為自己設定明確的目標，從現在開始就積極地行動，為未來的生活奠定良好的基礎。

理財是為了確保我們未來的生活品質，以及在突發情況下能夠更從容地應對。透過預先的規劃和資金管理，我們才能夠建立一個更為穩健和可持續的財務體系。

首先，**我們必須勇敢正視自己目前的財務狀況，這是掌握財務管理的第一步。** 詳細盤點現有資產與負債，包括每月

的收入、支出、儲蓄與貸款,甚至信用卡循環利息與保險覆蓋範圍,都是必要的步驟。唯有了解自身的財務全貌,才能找出需要調整的地方,並避免盲目規劃或高估自身能力。

接著,我們要學會建立一份個人化的財務計畫。這份計畫應該包括短期與中長期目標,例如:一年內儲蓄20萬元建立緊急預備金、五年內存到頭期款購屋、十年內資產達到500萬等。將這些目標分解成每月或每季的小步驟,可以幫助你更有節奏地達成目標,同時也減少挫折感。

最後,設定財務目標時,務必考量自己的收入能力、支出彈性與生活需求。太過理想化的目標會造成壓力甚至放棄,而過於保守的目標則可能錯失資產成長的機會。建議採取「SMART原則」:目標要具體(Specific)、可衡量(Measurable)、可達成(Achievable)、具相關性(Relevant)以及有時限(Time-bound)。這樣不僅能提升執行效率,也可以隨時依據實際狀況調整。

理財工具

確認財務狀況、設定財務目標之後,就可以開始規劃使用哪些理財工具了。以下列出幾種最為一般人普遍使用的理財工具類型,包括定存、定儲與保險。

定存與定儲

大部分的人應該都聽過定存,但是對於定儲可能就很陌生,其實兩者的差異只是存款時間的長短,以及計算利息的方式。

存款時間長短

定期存款(定存):存款期限最短一個月,最長三年。

定期儲蓄存款(定儲):存款期限最短一年,最長三年。

計息方式

單利──即每個月所產生的利息,不會滾入下個月的本金計算中。

每個月利息計算方式:本金 × 年利率 ÷ 12。

假設存款為100萬,年利率為1.15%,一年後可得利息11,500。

複利──即每個月所產生的利息,會滾入下個月的本金一起生息。

假設存款為100萬,年利率為1.15%,1年後的複利利息11,561。

同樣100萬的本金,一年後的利息相差61元。

定存跟定儲都是當我們存到一筆資金,在短時間內沒有

使用需求時，可以把錢存進銀行，藉此達到儲蓄的目的。若能善用複利效應，長期累積下來，更能發揮資產增值的效果。

但一定會有人說，我目前還沒有存到一筆資金怎麼辦呢？

很簡單，存款的方式又分成三種類型──「整存整付」、「存本取息」、「零存整付」。

一、**整存整付**：存戶於期初存入一定本金，每月產生的利息皆會滾入本金，成為本金的一部分，到期後可以連同加計的複利利息一併提領。這種方式適合有超過一年內用不到的閒錢，把收益最大化。（有些銀行也提供一年以下的方案。）

二、**存本取息**：存戶於期初存入一定本金，按月單利領息，到期時領回本金。適合退休族群，每月領息。

三、**零存整付**：指每個月皆固定存入一定金額的本金，然後把本月的本金加利息滾入下個月的本金，因此第二個月的本金包括了第一個月原本的本金及利息，再加上第二個月新存入的本金，以此類推，到期後可以連同加計的複利利息一併提領。適合想規劃存錢的小資族。

我們可以選擇「零存整付」的方式,來達到每個月強迫儲蓄的效果,同時還可以領到些微的利息。

但我必須先給大家一個觀念,定存、定儲的作用在於培養儲蓄的習慣,是屬於理財初期的一種方式,並不建議將它們視為一種投資選擇,因為我們都知道現在的定存、定儲利率都非常低,甚至還遠低於通貨膨脹。長期下來,資金的購買能力會被通貨膨脹侵蝕,簡單來說,就是以前的50元可以買到一個便當,現在的50元幾乎買不到一樣的便當,這就是通貨膨脹造成資金購買能力的下降,後面的章節會提到如何透過投資對抗通膨。

類別	投入資金方式	利息計算方式	適合情境
整存整付	存戶於期初存入一定本金	複利 每月產生的利息皆會滾入本金,成為本金一部分	適合有超過一年內用不到的閒錢,把收益最大化,像是緊急預備金
存本取息	存戶於期初存入一定本金	單利 按月領息,到期領回本金	適合退休族群,每月領息
零存整付	指每個月皆固定存入一定金額之本金	複利 每月產生的利息皆會滾入本金,成為本金一部分	適合想規劃存錢的小資族

圖1.1　三種存款方式比較

高利活存

近年來,一種由數位銀行推出的理財方式——高利活存,越來越受到年輕族群的青睞。許多數位銀行提供的活存利率往往高達2%以上,甚至已經超越國內多數定存利率。

這背後的原因在於,數位銀行大幅降低了實體分行、人員與營運等成本,因而有餘力以高利息作為誘因,吸引客戶開戶與存款。

不過,高利活存通常設有額度上限,例如5萬、10萬或20萬元不等。為了拿到更多高利息,有些人甚至會同時開立多家數位銀行帳戶,把資金分散存放。

雖然高利活存的確具備吸引力,但它同時也有缺點,對於缺乏理財紀律或消費欲望強的人而言,活存資金隨時可動用,往往更容易不知不覺花掉,失去累積資產的效果。

保險

當我們談到理財規劃時,保險是不可或缺的一環,它不僅是為了應對未知風險,更是為了保障自己和家人的未來,因為我們不知道意外跟明天哪個會先到來。

首先,保險可以為我們提供安全感,畢竟生活中充滿了不確定性,不論是意外傷害、疾病或其他突發事件,都可能對我們的財務造成影響,有適當的保險,可以為我們提供經

濟上的支援，減輕這些風險帶來的負擔。它不僅提供了安全網，減輕了生活的不確定性，也是對家人的一種愛和責任。因此，在制定財務計畫時，將保險納入考慮範圍，是至關重要的一環。

有一種說法是：沒有錢的人，更應該買保險。

保險的目的在於，當我們遇到無法負擔或負擔過大的風險時，能夠協助我們度過這些日子，不至於過度影響整個家庭的收支情況。所以，並不是等到有閒錢才規劃保險，而是沒錢更需要保險。

因此，保險應該著重在「突然需要一大筆資金」的情況，金額較小的保險理賠，可以把順序放到較後，也就是「保大再保小」，當風險發生時，負擔越大的情況先保，或許這種風險發生的機率比較小，但一旦發生，可能就會對家庭經濟造成非常嚴重的衝擊，像是失能、癌症、長照、死亡……等。

我們應該提前規劃的保險有哪些呢？

醫療險

生而為人，生病在所難免，醫療險在於保障大部分醫療所需，像是實支實付、住院日額，是最基本也是最重要的保險。

重大傷病險／癌症險

大部分醫療所需，醫療險或多或少都會涵蓋到，但是通常額度也不會太高；當真的發生什麼重大傷病時，我們所需要負擔的醫療費用，可能會遠高於醫療險的額度及範圍，這時候就會需要做額外的加強了。

失能險

失能是指身體因為疾病或意外，某些部位有缺損或功能喪失，導致生活受到影響的狀態，然而這狀態通常是長期不可逆的，因此，特別需要失能險來補充我們每個月所需支出，特別當你是家庭中的經濟支柱時，會建議提高自己的保障額度。

壽險

壽險是轉移受保人因身故而導致的財務風險，也就是為了讓你的家人在你去世後，能夠獲得身故賠償、減輕經濟負擔，避免因為失去經濟支柱而影響生活。

以上這些是比較常見與重大的保險類別，但是現在保險種類非常多，要怎麼規劃還是因人而異，建議與自己的保險業務員詳細溝通，才能保到適合自己的保險，我也不建議過

度買保險。像我本身還有加入一個「房貸壽險」，也就是在繳納房貸期間，當貸款人因意外身故或失去工作能力（指遭受一到六級失能及特定傷殘），導致家庭收入中斷而無法繼續支付房貸時，保險公司會優先將保險理賠金賠給銀行清償房貸，避免房子因無法按時繳交貸款而遭銀行查封或拍賣，讓家人流離失所，或許很多人覺得這個不必要，但由於我是家中八、九成以上的經濟來源，所以我認為有保這個保險的必要性，這也體現出保險的規劃是需要量身打造的！

不知道大家會不會有個疑惑，怎麼會沒有「儲蓄險」呢？

不用懷疑，保險規劃中，絕對不會有儲蓄險這個選項，我知道很多人剛出社會都會選擇儲蓄險，來強迫自己儲蓄，但儲蓄險的限制實在太多了，儲蓄險最低年限為六年，代表這六年間我無法將資金彈性運用，除非解約；然而解約後，可以收回的資金會遠低於我實際已繳的金額。

像是我可能繳了三年共20萬，當我臨時需要比較大筆的現金時，只好不得已解約儲蓄險，結果只能拿回18萬，這三年不但沒有賺到利息，還倒賠了2萬元，加上通貨膨脹會降低資金的購買能力，所以說，如果要強迫自己儲蓄的話，請選擇定存或定儲吧！

另外，保險就歸保險，不要把投資跟保險混在一起，也就是不建議購買所謂的投資型保單，畢竟保險的目的在於理

財規劃，投資的話，後面會陸續分享可以選擇的方式。

投資型保單雖然看似兼具保險保障及投資，但實際則是付出去的錢與保障額度及投資金額不成正比。

因為保費中包含許多開支，像是管理費、手續費、行政費、保險成本（少許），扣除這些費用後，剩餘的錢才是實際投資的金額；而保險保障則只由少許的保險成本負擔，保障額度自然就不會太高了。

將保險跟投資兩個完全不同性質的東西放在一起，注定只會兩邊都無法兼顧。

02 ▶▶ 同時開源與節流，提高你的正現金流

儘管已經知道該使用哪些工具協助我們理財，但歸根究柢還是得要有一筆資金或「現金流」，尤其是可靠穩定的「現金流」，這在很大程度上代表財務的穩定性。

記錄現金流

現金流是指一段時間內「持續性」的現金收入及支出的總和，正現金流表示收入高於支出，而負現金流則說明支出高於收入。管理現金流的目的在於達到收支平衡甚至是正向現金流，這樣才可以累積資產、提升財務穩定性。

舉例來說：小K一個月的薪資是5萬元，扣除每個月的所有開銷4.5萬元之後，剩下5,000元，那這5,000元就是小K這個月的現金流，因為收入大於支出，所以是正現金流。

現金流可以先以月作為單位，因為大部分的人收入來自於薪資，將所有收入及支出記錄下來（不能排除任何例外），

這樣才能夠最完整知道每個月的現金流向，也才會知道自己的收支平衡情況及如何調整，同時有助於規劃未來的理財目標。

因人而異，當然也可以以季、半年甚至是年為單位來記錄，我自己則是以年來記錄我的現金流。

除此之外，還可以透過現金流的概念，將遙遠的目標設定成可執行的小目標。

像是大K今年想要存下10萬元，但他不知道該如何達成這個目標，這種情況持續到年底，通常最後就無法達成了。但如果他把一年拆成十二個月，他就會很清楚每個月至少要有8,300元以上的正現金流，然後再依據每個月的狀況進行規劃，要是現在每個月的現金流已經超過8,300元了，那大K只需要維持即可；反之，要是每個月現金流不足8,300元，就要去思考該如何增加現金流，以達成目標。

提高正現金流

要提高自己的正現金流，不是只有增加收入（開源），其實我認為減少支出（節流）的觀念更重要。因為靠時間增加的收入是有上限的，每個人一天的時間都是二十四小時，像是兼職或斜槓，都只能利用上班跟睡覺以外的時間來執行，便會受到時間上的限制。

但是,不懂得控制支出的話,支出可能是無上限的。因此這邊牽涉到一個問題,哪些支出是必要的?哪些支出又是非必要的?哪些支出是需要,哪些支出是想要呢?

節流

當我們檢視每個月的支出時,我們要做的事情是:降低非必要支出、減少想要的購買欲望。這並不是要大家過著完全低物欲的生活,而是去理解「延遲享樂」的概念。

我23歲出社會至30歲前,就讓自己的物欲大幅降低,並為自己設立一個明確的目標,一旦下定決心要達成目標時,就有助於將物欲轉移到長期目標上。另外,我也會思考開銷的必要性,是想要還是必要?先優先處理「必要」的開銷,並透過延遲享樂的概念,推遲「想要」的開銷。

延遲享樂是一種自我管理的能力,指的是在當下克制住立即滿足的欲望,將注意力放在長期目標上,為了未來的成功而做出理性的選擇。分享我在生活基本需求上的做法:

- **食**:是我每個月大部分的開銷,我不太會刻意去吃餐廳,路邊攤、小吃、便當我都很愛吃。
- **衣**:除了工作需要的治裝費,我不會過度買衣服、鞋子,甚至一整年都可以不買。

行：在有小孩之前，我都是騎摩托車，我認為在沒有強烈的需求下，開車是最沒必要的，沒開車可以省下非常多費用。

樂：在2024年買iPhone16之前，我都是買舊二到三代的二手手機，舊機種價格本來就會比較便宜，二手又會更便宜。因為對我來說，新機種的功能根本用不到，使用體感也跟新機種一樣，那就沒有必要買新機種。

以剛出社會的新鮮人來說，可能會因為一個月吃一、兩次餐廳而雀躍，會因為買了幾件新衣或新鞋而開心，但這有可能是讓未來購買能力無法快速提升的因素。

延遲享樂為我帶來不小的回報，使得我現在的購買能力大幅提升，一個月吃十幾次餐廳、頻繁買新衣或新鞋也不會感到壓力，這就是延遲享樂所帶來的購買能力提升。

我並不是想要炫耀什麼事情，只是想告訴大家延遲享樂或許不會立刻帶來滿足，但可能會讓未來的我們更有購買能力。

開源

開源是最直接提高正現金流的方法，現在的社會中，開源的方式越來越多元，大致上可分為幾種：

一、兼職工作：像是加入 Uber Eats 或 Foodpanda 跑外送、擔任臨時工讀……等，這類方式的門檻較低、上手快，但必須用時間換取金錢。

二、把專業技能或知識變現：例如兼職家教、提供專業顧問服務、受邀演講、在外包平台接案等等，這類方式著重「專業能力」，利潤空間大、議價彈性高，但也需具備一定程度的知名度與技能程度。

三、經營自媒體：建立社群媒體，如部落格、YouTube 頻道、Instagram、podcast 等，透過廣告分潤、業配、會員訂閱、聯盟行銷（Affiliate Marketing）等方式變現。但通常前期投入成本很高，需要耐心持續耕耘。

四、經營電商或小生意：可以透過代購、選品、販售手作商品、團購……等等方式，經營自己的小生意，但這除了競爭激烈，也要留意市場法規等等。

上面舉例的方式中，我已經做過好幾個，還有幾個到現在仍然持續進行中，每個月持續幫我創造現金流。

開源節流實際上是掌控金錢流向的方式，當我們確保每月的現金流維持在正數，且逐漸成長時，就代表著我們可運用的資金也隨之增多。

開源節流的重要性

當我們透過開源與節流,每個月額外創造1萬元的現金流時,一年就有12萬元,絕對不要小看12萬元,這可不是一筆可以輕鬆達到的數字,怎麼說呢?

從投資的角度來看,一年獲利12萬,相當於100萬的本金有12%的報酬率,或是50萬的本金有24%的報酬率。一年12%的報酬率絕對不是容易達成的績效,更不用提一年24%的報酬率了。

但是,當開源節流到一定程度後,效果就不再那麼顯著,因為固定支出已經減少到極限、額外收入也增加到極限了,這時候的重點就變成「投資」了。

投資:「投資自己」+「投資金融商品」

投資自己就是提高自己的單位價值,不管是在本業或是副業與兼職上,透過學習精進自己的專業知識及能力,爭取更好的薪資待遇。我很清楚多數產業、公司或職務都有薪資待遇的上限,所以不局限於本業,讓自己的副業或兼職更上一層樓,也是一個投資自己很好的選擇。當副業的發展能夠優於本業時,就變成你的本業了。

投資金融商品就更加多元了,現在的金融商品百百種,像是股票、基金、指數股票型基金(ETF)、指數投資證券(ETN)、不動產投資信託(REITs)等等,透過前面努力存下的資金,將這些資金投入金融市場中,賺取額外的報酬,這樣的投資不受到時間上的限制,而是依靠市場機制來賺取報酬,也就是所謂的「用錢賺錢」或「用錢滾錢」。

不同於儲蓄,投資讓我們的錢在時間推移中增值,儘管投資的過程可能會帶來風險,但也為我們提供了機會和潛在的回報。投資金融商品主要有三個優勢:

一、**資金快速成長**:透過投資,我們的資金有機會以更快的速度成長。投資的報酬率通常比傳統儲蓄工具更高,有助於更快實現財務目標。現在定存與定儲的利息大約為1%,當我們透過投資獲取5%的報酬,再加上複利的效果,獲利會非常驚人。

以十年來看,加入每年1%的複利後,100萬的資金十年後只變成110.5萬;反之,每年5%的複利,100萬的資金十年後會變成將近163萬,這是不是有非常大的落差呢?

二、**對抗通貨膨脹**:通貨膨脹是經濟中常見的現象,指的是隨著物價水準不斷上升,貨幣的購買力逐漸減

少。當通貨膨脹發生時，相同的金額無法購買到以前同樣數量的商品和服務，這意味著我們的生活成本將提高，而儲蓄的價值也隨之縮水。所以，我們必須透過投資，將資金放在潛在能夠超越通貨膨脹的資產中，從而保持或提高資金的實際購買力。

三、達成長期財務目標： 透過合理的投資策略，我們可以更接近自己的財務目標，例如買房、教育基金、退休儲蓄或其他大型支出，長期投資策略可以為我們提供更穩定的財務基礎。

其中複利是長期投資的核心優勢之一，指的是投資收益再投入本金，讓收益產生收益，隨著時間推移，複利效應會讓投資收益呈現指數成長。因此，越早開始投資，越能夠享受複利所帶來的資產成長，以更快的速度達成長期財務目標。

投資是一種有助於增加財富、實現財務目標，和保護我們的資金免受通膨侵蝕的強大工具。適當的投資策略可以改善我們的財務狀況，但請謹記投資涉及風險，請確保事先了解並評估自身的投資目標和風險承受能力。PART II 開始，我將會詳細地介紹穩健的價值投資，以及我是如何透過價值投資找回自己的時間自由。

03 ▶▶ 你以為的資產,可能其實是負債!

　　提高了正現金流,並累積一定資金之後,勢必會面臨到一個疑問:我該如何運用這筆資金?

　　我知道很多人會用好不容易存下來的錢去買車,但是你知道,車子其實是種負債嗎?在新手階段,我想大多數的人並沒有資產與負債的觀念,但是這個觀念特別重要,是決定我們理財初期度過迷茫非常重要的關鍵之一。

　　就像我在剛出社會、開始學習投資理財之前,我只懂得存錢,那時候手上的資金還非常少,自然不會想到手上的資金可以如何運用,還停留在要靠存錢存到第一桶金的觀念。

　　慢慢接觸投資理財之後我才發現,原來可以把用錢購買的東西,區分成「資產」與「負債」。

　　在廣義的觀念中,房子與車子都屬於資產,而欠銀行的錢才屬於負債。後來我才發現似乎並不是這樣,因為車子不但會不斷折舊,每年還得支出保養維修費及繳燃料稅、牌照稅,這個資產不但沒有幫忙賺錢,反倒是不斷花錢,這樣子

真的是資產嗎？

《富爸爸，窮爸爸》（Rich Dad, Poor Dad）這本書提到，應該要依照我們買入這個東西之後，這個東西對我們之後的現金流有什麼影響，資產是能夠把錢放進我們口袋的東西，而負債則是會從我們口袋中拿走錢的東西。也就是說，會持續替我們帶來現金流的東西，才是真正的資產，例如帶來租金收入的房地產、股票股息、版權收入等。

這個定義看似簡單，但真正釐清之後會發現，你對於很多事情的認知，都會有不小的改變！

如果要累積財富，關鍵在於擴大資產項目，減少負債。

這意味著，我們應該選擇能帶來穩定現金流的投資，避免將資金投入到只會增加開支的消費項目中。

這樣的觀點完全顛覆了傳統財務思維，可以讓大家重新審視自己的財務狀況。

資產

資產就是可以替我們帶來現金流的東西，最常見的資產是房子和金融商品（基金、股票）。

房子

首先,談論房子就需要有以下這個認知:房子雖然每年需要負擔房屋稅、地價稅,但房價也容易隨著通膨穩定上漲,房價的上漲有很高的機率,高於每年負擔的持有成本,所以實際上房價上漲扣除持有成本是正成長,這也是為什麼有錢人都喜歡買房的原因。

雖然買房後每個月都需要支付房貸,看似會從你的口袋中拿走金錢,看起來就像前面定義的「負債」啊!不過,房子其實是個比較特殊的存在。

如果沒有住在家裡,而是在外租房,每個月都需要負擔房租,當我們買房後,只是把每個月支付給房東的房租,變成支付我們自己的房貸而已。所以,「與其將房租付給房東,不如拿來支付自己的房貸」,這是很多人最後選擇買房的原因,所以基本上只要是自住的需求,房子就是資產。

就算是住在家裡的人,買房後也可以轉租給租客,這時候還會有額外的現金流流入,最好的情況下是租金大於房貸,這樣子每個月還可以創造額外的現金流。

就算租金小於房貸,但前面我也提過,房價上漲扣除持有成本是正成長,而這個正成長的金額扣除「租金－房貸」的差額後,有很高的機率也是正成長。

這就是房子不管如何都是資產的底層邏輯。不過必須聲

明，我並不鼓勵炒房，應該把房產讓給真正有需求的人。

金融商品

金融商品百百種，其中確實有很多風險非常高，不過選擇穩定的金融商品，每年都有很高的機率，能帶來穩定的現金流，或是讓長期下來金融商品的獲利呈現正成長。

所以這邊我只談論基金跟股票之所以是資產的原因，不討論任何其他風險偏高或較不穩定的衍生性金融商品。

基金，像是指數股票型基金ETF，現在非常盛行，它的穩定績效也有許多論文、歷史數據⋯⋯等相關資料可以佐證，因此ETF是個長期穩定成長的投資商品，可以持續為我們帶來現金流，也就是基金確實可作為一種資產。

股票，我知道在許多人眼中是一種投機性商品，但我必須說這是在過往資訊不流通的環境下，所造就的想法，現在所有的資訊都非常流通、透明，股票已經不再是那麼投機的商品了。

當我們選擇獲利穩定、財務穩健的龍頭公司時，我們的股票市值就有很高的機率，可以隨著公司獲利成長而增加，不但每年替我們帶來穩定的股利收入，還有機會享受到股價上漲的資本利得，所以股票也可作為一種資產。

負債

負債就是會讓我們現金流流出的東西，最常見的負債是車子。

車子每年需要承擔折舊、牌照稅、燃料稅、維修保養費、保險⋯⋯等等，也就是說會將錢從我們的口袋不斷拿出來，或許有人會覺得車子是出社會必要的配備，但是你有沒有仔細想過，車子對你來說，到底是「需要」還是「想要」？

我認為的「需要」是在小孩、長輩或工作要求所需的情況下，不然大多情況其實都是「想要」，很多時候儘管沒有車子，仍然會有其他可以解決的替代方案。上下班可以由機車、大眾運輸代替；特殊情況需要車子時，可以由計程車代替；出門遊玩時，可以由租車代替。這些林林總總的費用加起來，我可以非常肯定地說，絕對不會比自己去購買車子所承擔的費用要來得高。

就像我也是因為有兩個小孩的需求，才將家中十年的轎車換成休旅車，我有空間及安全性的需求，否則我短時間內不太會去購買新的負債。

一般情況下，車子通常被視為負債，因為它會持續帶來維修保養、保險、停車和折舊等開支，這些費用會不斷從我們口袋裡掏出錢。然而，有一個例外狀況是──車輛若成為

我們賺取收入的工具時,便有可能轉變為資產。例如,對於計程車司機、機場接駁服務司機、包車導遊司機來說,車輛不僅是交通工具,更是主要的生財工具。

這些工作需要依賴車輛來完成每日任務,而他們藉由車輛產生的收入,遠高於維修保養、保險、折舊等成本時,車子便成為他們的「資產」而非「負債」。

這樣的區分不僅適用於車子,也能運用於其他物品的判斷中。所以,千萬不要以物品本身來認定是資產還是負債,也許購買價格過高、地點偏僻的房子時,這時候房子有可能反而會變成負債;或是買入公司虧損、股價過高的股票,也會讓它變成一種負債。

也就是說,並不是無腦買一些常見的資產就代表是真的資產,還是得根據現金流的流向而定,因此,資產與負債的關鍵在於,它是否真的能夠幫助我們持續增加現金流與財富。

負債(需要支出)
・房貸利息
・信用卡債務
・車貸

現金流 CASH FLOW

資產(產生收入)
・租金收入
・股票股利
・事業獲利

圖1.2　資產與負債

PART II

思維筆記：
價值投資的核心

04 ▶ 什麼是價值投資？

介紹完了理財面的基本概念,接下來要進入真正開始累積財富的階段——投資。

投資有很多種方式,價值投資、成長型投資、指數化投資、房地產投資(收租型不動產)、債券投資(追求固定收益)、外匯與商品投資(例如黃金、原油)……等,價值投資是其中最廣為人知的一種,因為它正是股神華倫·巴菲特(Warren Buffett)所信奉的投資理念,由「價值投資之父」班傑明·葛拉漢(Benjamin Graham)所發明。它強調用合理甚至低於市場的價格,買入具有長期成長潛力的資產,耐心持有,等待其價值被市場認可,所以必須建立在對企業基本面的深度理解之上。

此外,也有不少人採取成長型投資,也就是投資預期成長速度快、潛力大的產業或公司,例如科技股、新創產業等。這類投資風險較高,但報酬潛力也相對可觀,適合風險承受度較高的族群。

如果想控制波動與風險，指數化投資則是另一種穩健的選擇。透過定期定額投資指數型ETF（如追蹤大盤或全球市場），可以分散風險，同時穩健參與整體市場的長期成長。

選擇哪一種投資策略，關鍵在於是否能理解投資標的的本質與風險來源，並與自身的財務目標與風險承受度相符。

投資不是一場短跑，而是一場馬拉松，累積財富的關鍵不在於一次押對寶，而是持續穩定地投入、定期檢視績效、適時調整策略。只要方向正確、策略得宜，最終都能讓財富為你所用，而非被市場牽著走。

價值投資的策略本質

價值投資指的是，以低於「內在價值」的價格買入股票或其他資產，並在其價格回升到合理水準後賣出，進而獲取利益。因為有時候市場會錯誤定價，低估某些資產的真正價值，因此，透過深入分析和耐心等待，投資人可以抓住這些機會，獲得可觀的報酬。

這個策略的本質，就像你去菜市場，挑選那些看起來不起眼、但實際上新鮮甜美的水果，而不是追逐外表光鮮亮麗、實際上可能難以下嚥的水果。它的關鍵在於發掘被低估的資產，堅持長期持有，直到市場認可它的真實價值。

價值投資人的任務，就是在市場恐慌或忽視時，以低於內在價值的價格買入好公司，然後靜待價格回歸價值，以獲取這段期間股價上漲的獲利。而這種投資哲學的根基，正是對於公司內在價值的深刻理解。

圖2.1　價值投資

　　想像一下，你在超市看到一瓶平常售價100元的牛奶，突然打折到80元，而且保存期限還有一星期。先不管打折的原因是什麼，我只要知道這瓶牛奶內容物的品質是沒有問題的，那麼現在的售價80元遠低於它內容物的價值100

元,我就會毫不猶豫地買下來。

放在價值投資的情境中,牛奶的內容物就像是「公司的內在價值」,而打折的價格就像是股市中股價的變化,我們不可能知道每天股價起起伏伏的原因,因為短期股價漲跌就是依據市場情緒、資金的共識,沒有一定的理由,就像消費者永遠都不知道品牌、通路將某些特定商品打折的原因一樣,所以執著在價格本身是沒有太大意義的,重點是該商品(股票)本身真正的價值。

再舉另外一個例子。一間位於熱門大學旁的出租套房,每個月可以穩定帶來8,000元租金的淨收入,年淨收入達到9.6萬元。

如果這個房東因為個人因素(像是急需用錢),希望趕快以96萬元將套房售出,以年化報酬率來看高達10%,你應該會覺得這是一筆好的投資吧?這種基於獲利的價值判斷,也是價值投資中對「公司內在價值」判斷的一環。

專注於價值,而非價格

價值投資的基礎是這樣的思維:任何資產都有一個內在價值,可能是公司的資產淨值、現金流、獲利能力,而市場價格可能會因為情緒波動而短暫偏離這個價值,但最終會趨

於一致，這意味著價值投資的核心在於發現和購買被市場低估的資產，並耐心等待價值回歸。

> **內在價值**
> 由資產本身的基本面決定，比如公司的（未來）獲利能力、（未來）現金流、資產淨值、競爭優勢、護城河……等等，這是一個相對穩定的數字或產業地位，並不會輕易隨市場情緒而變化。
>
> **市場價格**
> 由市場供需和投資人情緒推動，短時間內可能會大幅波動，甚至有時候，市場的恐慌或狂熱的情緒，會導致市場價格與內在價值嚴重背離。

公司的內在價值並不會每天都在改變，但市場上的股票價格，卻是每天都會依據買賣雙方的交易情形而改變。然而，很多時候買賣雙方的交易，都與公司的內在價值毫無相關，他們的交易可能是出於情緒、籌碼……等因素。

所以，大多時候投資人賣出股票，是因為他們發現別人在賣股票，而不是因為公司的內在價值降低；大多時候投資人買入股票，是因為他們看到別人在拉抬股價，並不是看到公司的內在價值提升。這就是所謂的「追高殺低」！

舉個例子，一家公司擁有穩定的獲利能力、良好的競爭優勢，但因為短期的景氣波動，使得股價大幅下跌；這種情況下，價值投資人會認為：現在的下跌並沒有改變公司的基本面，反而對我們是個有利的因素，提供了一個很好的買入機會，能夠以少見的便宜價格買入，更有機會創造超額報酬。

　　所以，價值投資人必須學會，在價格低於價值時抓住機會。（雖然理論上是這樣，但實際上要做到有一定的難度，後面07章會再提到價值投資的挑戰。）

　　德國股神安德烈・科斯托蘭尼（André Kostolany）就用一個比喻來形容價值與價格的關係——遛狗理論。

　　主人象徵公司的內在價值，這是由公司的基本面決定，內在價值不會受到短期市場情緒的極端波動影響。

　　小狗象徵公司的股價，經常受投資者情緒、短期消息和市場波動影響，時而高估，時而低估。

　　主人沿著街道前行，代表公司內在價值的穩定成長。

　　小狗則自由地在主人周圍跑來跑去，可能突然跑到前面、也可能突然往後跑，或被路邊的景象吸引而四處亂竄，代表不斷變化的公司股價。

　　不過，不管這隻小狗怎麼跑，最終還是會跟著主人一起回家。這意味短期內股價可能會偏離價值，但以長期的視角來看，股價最終還是會往公司的內在價值靠攏，讓價格回歸

價值,這正是價值投資的精髓:「忽略短期波動,專注於長期價值。」

也因為這個道理,價值投資人才能夠在市場上穩定獲利!

圖2.2 遛狗理論

價值投資的代表人物

班傑明・葛拉漢

價值投資理論的奠基者,被譽為「價值投資之父」,他在《智慧型股票投資人》(*The Intelligent Investor*)一書中奠定了價值投資的基礎。

葛拉漢強調透過公司基本面分析來確定內在價值，並提出「安全邊際」（Margin of Safety）的概念，只有當股票內在價值大於股票市場價格，才會產生安全邊際。這些原則成為後來價值投資人的重要指南。

華倫・巴菲特

作為葛拉漢的學生，巴菲特的投資理念深受老師的影響，但他在價值投資的基礎上，結合了自己的洞見，形成了獨特的投資哲學。

巴菲特認為：股票是一家企業的部分所有權，投資人應當以擁有整個企業的心態去思考。選擇投資標的時，他強調以下三個要素：

- **內在價值**：尋找被市場低估的企業，其價值須高於當前股價。
- **競爭優勢**：投資擁有「護城河」的公司，例如品牌、專利和市場地位。
- **長期成長潛力**：企業的現金流和獲利能力必須穩定且具成長性。

巴菲特透過價值投資成為世界知名的投資家，他特別關注那些具有持久競爭優勢的公司，並強調長期持有這些優質資產，以實現穩定且持續的回報，其中最為人熟知的公司有：可口可樂、蘋果。

價值投資的價值

　　「好的投資便是最好的投機」，這句話源自於《價值投資之父葛拉漢》（Benjamin Graham）一書中的其中一個章節。葛拉漢的母親因投機失利，使得他從小便堅定信念，不倚靠投機方式做投資，每一次所做的投資規劃，都是因為看好公司的內在價值。

　　我自己也一樣，我爺爺曾經因為股票而致富，卻也因為開融資槓桿而破產，這使我深刻認知到股市的危險及現實，造就了我長大選擇注重「風險及內在價值」的價值投資。

　　正因為我關注的是公司的內在價值，而非每日波動的股價，這讓我能夠心無旁騖地做到「不盯盤」。市場的起伏雖然非常吸引目光，但真正該關注的，仍是公司的本質與長期價值。

　　回過頭來想，我們投資的真正目的究竟是什麼？

　　我想大部分人投資的目標，都是為了「提升生活品質」，

所以與其分秒必爭地盯著螢幕，讓自己的時間跟專注力都被綁住，甚至時常隨著市場的起伏而焦慮，不如運用價值投資的觀念，找回時間和心靈的自由。

價值投資讓我們可以用更從容的心態，實踐「投資獲利與生活兼具」的人生哲學。價值投資不僅是一種投資方式，更是一種生活態度，它教會我們用理性來看待事物的本質，而非僅僅被表象誤導。若是仔細體會就能發現，其實生活周遭，處處都是考驗我們如何判斷「價值」的時刻。

以我自己為例，因為我需要長時間坐在電腦前研究、尋找績優公司，久坐容易讓坐姿變形，進而腰痠背痛，導致我必須花費額外的時間去按摩舒緩，甚至去看中醫、針灸、拔罐等，這些都是無形的時間成本。

後來，這些身體與時間的耗損，就在我下定決心換一張可以解決坐姿問題的人體工學椅之後，全部都消失了！取而代之的是，我擁有更高的工作效率，能更專注研究更多績優公司，也就有更多投資及獲利的機會，所以我最終得到的仍然比付出的還要多。

所得到的比真正付出的多，那就是正確的價值判斷。

05 ▶▶ 價值投資的核心觀念

學習價值投資之前,要先認識價值投資的幾個核心觀念。

內在價值:價值投資的基石與挑戰

內在價值就是資產的真正價值,通常基於對公司的綜合分析,包括獲利能力、現金流、資產淨值⋯⋯等等,然而精確評估內在價值,除了需要理解財務報表,還得了解公司的商業模式、成長動能、競爭優勢、護城河⋯⋯等因素,這樣的評估過程才能幫助投資人找到被市場低估的資產,找到具有投資價值的公司。

內在價值的觀念看似簡單,實則深邃。它不僅是衡量公司真實價值的基石,更是價值投資人判斷「何時買入、何時賣出」最核心的觀念。當市場價格低於內在價值時,是投資的良機;而當市場價格大幅超過內在價值時,則應謹慎判斷或適時獲利了結。內在價值的評估不但是價值投資中最核心

的關鍵,也是最難以跨入的門檻。

困難在於,內在價值的評估並沒有所謂的公式或SOP,所以不會有一個標準答案,也就是說內在價值的判斷非常主觀,同一家公司由100個人來評估內在價值,有可能會出現100種結果。因為每個人對於商業模式、產業趨勢、競爭優勢、護城河、未來展望、財務報表……等面向的理解及分析都截然不同,不同的理解便會造成不同的詮釋。內在價值評估,是一門結合了理性分析與主觀判斷,需要持續學習與反思的課題。

而正是因為每個人對內在價值產生的結論都不同,才會出現價格與價值的落差。試想,要是在市場上的大家,都認為K公司有100元的價值時,K公司的股價有可能低於100元嗎?不可能。也就是因為市場上有不少人認為K公司的價值不到100元,才會使得股價下跌。

內在價值的評估存在非常大的不確定性,所以我們可以透過另外一個觀念來彌補不足之處──「安全邊際」。

安全邊際:風險控管

我們在投資之前,一定要把風險擺在第一順位,追求獲利之餘也不能忽視風險。短期內,投資人可能因市場上行而快速獲利,但如果一時得意而忽視風險,一次大幅虧損就可

能將先前所有努力化為烏有。

投資中最常見的風險來自於不確定性,而安全邊際正是用來應對這些不確定性的武器。安全邊際強調在內在價值與購買價格之間,保留足夠的「緩衝區間」,用以應對估值中的誤差或市場不確定性所帶來的風險。

簡單來說,安全邊際是指在購買資產時,確保購買價格遠低於內在價值。當我判斷一家公司具有100元的內在價值時,我會希望以低於100元的價格買入公司的股票,例如80元,這樣就代表我有差額20元(價值100－股價80)的「容錯空間」及「潛在獲利空間」。

> **容錯空間**
> 因為我有可能錯估公司的內在價值,例如實際內在價值僅有80元,但我的購買價格仍未超出內在價值範圍,這樣就避免了潛在損失,展現了容錯空間的重要性。
>
> **潛在獲利空間**
> 如果我的評估準確,並且市場最終也認可了該公司100元的內在價值,那麼這20元的差額,就是我的潛在獲利空間。

這也是為什麼我們要尋找價值被低估的公司，被市場低估的公司，要再持續下跌，空間就相對有限了，這樣就能有效降低進場時的下跌風險。

我們常以為投資的目標是追求最大回報，但更重要的其實是：避免大幅虧損。為什麼呢？因為每次虧損後的回本難度是非線性的，虧損50%需要100%的獲利才能回本。維持長期不虧損或盡可能不虧損，才是建立財富的基石，就如同一句話：「贏得多，不如輸得少。」

當我們能夠做到長期不虧損或盡可能不虧損時，獲利難道還會是問題嗎？風險控制是攻守之道中的守，這份穩健正是讓我們贏在長跑終點的根本。

投資如同爬山，快速的登頂或許令人興奮，但穩定的腳步才能帶來長久的安全。當我們學會守住資本、控制風險，就能在市場的波動中活得更久、更穩，而長期的穩定獲利便能水到渠成。

霍華・馬克斯（Howard S. Marks）說過：「傑出的投資人之所以傑出，就是在於除了能創造報酬之外，他們還同樣有控制風險的能力。」這句話揭示了一個簡單卻深刻的真理：在投資的世界裡，風險控管不僅是對資金的保護，更是長期穩定獲利的基石。

儘管安全邊際是一種強大的風險控管工具，但過於保守可

能導致錯失機會。例如，如果我堅持僅在價格低於50元時，買入內在價值為100元的公司，這樣可能永遠無法達成交易。因此，在確保安全的同時，也需要適度平衡風險與報酬。

長期投資：價值投資的堅定信念

> **時間是價值投資人最好的朋友。**

　　價值投資的核心不僅在於選擇內在價值被低估的資產，更在於對長期持有的堅定信念，因為市場需要一些時間來修正錯誤的定價，所以價值投資人只有透過長期的耐心與穩定性，才能真正收穫最終的回報。

　　因此，價值投資人應專注於資產的長期成長潛力，因為公司的成長通常是逐步實現的，而非一蹴而就，像是產品迭代、市場拓展、管理改善……等過程，都需要時間來展現；價格波動則是短期的，常因為市場情緒而偏離內在價值，例如恐慌可能讓優質公司的股價大幅下跌，而過度樂觀則會讓

平庸公司被高估,要等待時間慢慢修正。

　　長期投資的觀念能幫助投資人克服短期市場情緒的影響,更專注於資產的內在價值與未來的成長潛力,最終實現可觀的報酬。

　　如同巴菲特所說:「如果你不願意持有一檔股票十年之久,最好連十分鐘也不要持有。」

　　這個十年只是比喻,這句話的本意在於提醒我們,投資時要以長遠的眼光看待,而非執著於短期波動。

耐心與紀律:價值投資的心理挑戰

> 投資的成敗,往往取決於耐心與紀律。

　　價值投資不僅是對公司價值的理解,也是對自我情緒的管理。

　　因為價值投資需要具備耐心和紀律,等待合適的買入時機,並在投資後繼續保持紀律,不受短期市場波動影響而輕

易停損或獲利了結,因此這些特質對於在不確定的市場環境中取得成功至關重要。

耐心的重要性
價值投資除了難在找到被低估的資產,更難的是在價格還未達到預設的安全邊際時,忍住衝動,耐心地等待更好的買入時機。

而且,就算終於等到比較好的買入時機,價格與內在價值的偏離也需要一些時間來回調整,這個「一些時間」會是多久,沒有人說得準。

除此之外,公司的內在價值成長通常是逐步實現的,需要時間來等待,如果投資人缺乏耐心,可能在價格真正回調之前就提早出場了。

紀律的重要性
價值投資需要嚴格遵守投資原則,無論市場如何波動,都不應該被情緒驅使改變策略。因為短期市場波動往往來自各式各樣的雜音或雜訊,過度關注可能導致在低點賣出或高點追買,所以投資人應該堅守紀律,當價格未達到安全邊際時,不因市場過熱而跟風;當價格超過內在價值時,果斷獲利了結,避免貪婪。這種做法能幫助你保持冷靜,更專注於長期目標。

其實，無論使用哪種投資方式，紀律都很重要，但是在價值投資中最常出現的現象是：原本依據價值投資的原則買入（被低估的股票），日後卻沒有依據價值投資的原則賣出，反而變成基於技術面、情緒面……等原因而賣出。

　　真正的價值投資，不只是在買入的那一刻依照原則，更是在持有與賣出的過程中，持續保持理性與紀律。懂得價值投資最核心的幾個原則，才能在實際操作的時候不斷提醒自己，堅持自己的判斷，讓價值有機會隨著時間浮現。

06 ▶ 價值投資的優勢

在2024年初時,當時我因為嚴重的牙根感染導致嚴重的鼻竇炎,導致發燒約一星期,整整一個月都在休養身體,讓我沒有心力放在投資上。

不過,就是在這種時候,反而讓我對於「價值投資的優勢」有更深的體會,休養的這一個月,我幾乎不太關注自己持股的股價變化,而是花不少時間讓自己的身體慢慢恢復。後來才發現,股價看似沒有什麼變化,其實是一段跌幅加上一段漲幅後的結果。

這意味著什麼?

那就是短期價格的起伏並不是很重要,重要的是公司的內在價值,這就是我可以整整一個月不關注持股也不擔心的原因,畢竟短期太容易受到一些消息、籌碼等因素的影響,但是長期來說,股價還是會朝公司的內在價值靠攏。

只要研究並確認績優公司的內在價值,就不需要因為股價的起起伏伏而擔心,讓我可以更專注在其他事情上,還有

本業的投資人也可以很安心地上班，一點半之前更不用常常帶著手機跑廁所。

價值投資人的致勝策略

價值投資之所以長期受到推廣，不僅因為它是一種穩健的投資方法，更因為它具備獨特的優勢，讓投資者能在市場的波動中保持冷靜，專注於長期價值的實現。

利用市場的非理性，找到投資機會

首先，價值投資的核心在於理解公司的本質與價值，而不是依賴複雜的數學模型，或預測短期難以捉摸的市場走勢。

所以價值投資人會針對公司的產業、獲利能力、財務體質、競爭優勢進行較為深入的分析，來確保公司具備一定的內在價值和成長潛力。相較於市場上大多數沒有這樣做的跟風型投資人，價值投資人更容易發現別人看不到的機會，發掘那些被市場忽視的績優公司。

價值投資人善於利用市場的非理性行為，從中找到機會，這就是價值投資人的第一優勢。

低風險、高報酬的投資標的

接下來,價值投資人還會注重是否保有一定的「安全邊際」,這種做法降低了因價格波動或判斷失誤所帶來的風險,也可以幫助投資人避開市場泡沫,專注於有價值的標的。

投資勢必會面臨風險,但只要將風險盡可能地降低,就是降低自己賠錢的機會,而價值投資正提供了一個風險相對低的投資方式。

正如巴菲特所說:「投資的第一法則就是不要賠錢,第二法則就是不要忘記第一法則。」

此外,高安全邊際也意味著高潛在報酬。只要當公司的內在價值被市場發現後,股價可能會逐漸上漲,這將提供投資人賺取不錯報酬的機會。

所以,具有「較低風險」、「較高報酬」的機會,是價值投資人的第二優勢。

擺脫短期干擾,免除頻繁交易的成本

此外,價值投資人買入股票前,通常已經做好「長期投資並持有」的打算,所以不需要天天盯盤,就不容易受到短期市場波動的影響,進而擺脫短期情緒所帶來的干擾,也不會因此進行頻繁的進出場交易。頻繁交易不但會導致交易成本提高,也往往無法精準掌握市場行情。

績優公司的獲利能力和內在價值的成長，不用靠短時間內的殺進殺出，就能確保投資人的資產市值不斷增加。如果將這段期間獲得的股利持續再投入，更能發揮長期的複利效應，愛因斯坦曾說：「複利效應是世界第八大奇蹟。」這句話看似簡單，卻道出了複利的驚人威力。

　　就以眾所周知的績優公司——台積電（2330）為例。圖2.3是台積電的月K線圖，圖2.4是台積電的日K線圖，當以月為單位觀察公司的股價時，會發現公司呈現穩定的向上趨勢（除了因美國聯準會暴力升息的2022年之外），這就是我說的：績優公司長期的價值成長。

　　不過我們再來看圖2.4，就會發現其實台積電每日股價的波動頗為明顯，每天盯著股價起起伏伏，真的對投資有幫助嗎？既然我們要的結果，是圖2.3所呈現出來的樣貌，何必耗費心力在短期股價上的變化呢？是不是只要確保公司的內在價值持續增加，就不需要在乎短期股價的走勢呢？

圖2.3　台積電月K線圖
圖片來源：Goodinfo! 台灣股市資訊網

圖2.4　台積電日K線圖
圖片來源：Goodinfo! 台灣股市資訊網

　　而且，一旦養成只看公司內在價值的習慣，反而可以在市場恐慌時保持冷靜，比其他人更有機會在績優公司被市

場錯殺時,進場撿便宜。這就是巴菲特最有名的一句名言:「別人恐慌時我貪婪。」

所以,「不受市場短期情緒影響」、「在市場恐慌時有能力進場撿便宜」,是價值投資人的第三優勢。

找回時間的自由,讓人生更平衡

價值投資強調專注於內在價值、高安全邊際、長期投資、減少短期操作,讓投資人有更多時間享受生活。就如我想要傳達給大家的觀念:與其分秒必爭地盯盤,不如運用「價值投資」,找回時間的自由,這樣就有更多的時間去享受生活中的美好,而不是把所有時間、精力都放在股市上,這是價值投資人的第四優勢。

價值投資是一種穩健且有遠見的投資方式,它的優勢不僅在於提供長期穩定的報酬,更是教會我們:在市場波動中,看透表象、尋找本質,最終獲得的不僅是財富,更是一份從容與踏實的心境,讓我們擁有更理性的心態和更自由的生活。

07 ▶ 價值投資的挑戰

投資人必須牢記的是,並不是只要奉行價值投資,就可以從此在市場上一帆風順,價值投資的道路絕對不是如想像中買入放著就好,還得做足事前功課,才足以支撐自己的判斷。

舉個最為人熟知的例子「宏達電」(2498)。當宏達電出現衰退,且投資人經過謹慎的研究與判斷,認清該公司的未來沒有發展性後,就必須果斷停利、停損,要是在股價300元時堅持長期投資到現在的話,甚至還會陷入虧損狀態,更不用說買在上千元的宏達電或其他下市的公司了,而且還沒計入資金的機會成本問題。

很多人認為,價值投資是一條平穩向上的道路,只要耐心等待價值被低估的公司回到應有水準就好,但其實不然。

價值投資反而更像圖2.5顯示的狀況,在等待價值回升的實際過程,就像是騎越野車一樣,路途中非常崎嶇不平,並且充滿挑戰和不確定性,甚至需要經歷幾段跌幅,而我們必須撐過這些過程對心理的考驗,並等到逐漸向上成長的時

刻來臨,這才是價值投資真正的面貌。

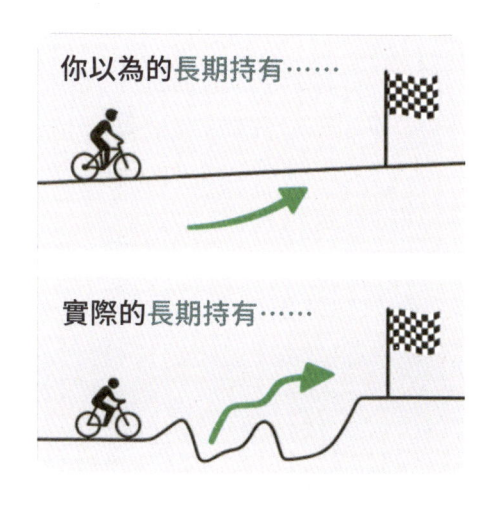

圖2.5　長期持有

　　而我前面提到的做足事前功課,就是讓我們可以克服股價跌幅的關鍵。因此在投入市場之前,一定要先有一種認知──必須學會如何在波動中保持冷靜,堅守自己的投資策略及紀律。

　　因為價值投資的績效大多時候是集中在某些時間,一年十二個月可能只有兩、三個月有明顯的漲幅,其餘九、十個月左右的時間,可能都在盤整或是緩跌,這意味著我們需要忍受九、十個月股價的低迷,才有辦法享受到兩、三個月的漲幅。

這也是為什麼很多人無法享受價值投資帶來的甜美果實。因為投資人看到自己的持股一動不動、別人的持股卻向上暴漲時，就會陷入「錯失恐懼」（FOMO），無法持續持有手上的績優公司，跟著跑去追高殺低。所以，會挑選績優公司還不夠，還得耐得住性子長期持有才行。

「價值投資多數時候都很無趣」，這句話看似很簡單，當能夠真正參透個中意義之後，也代表你已經成為真正的價值投資人了。

價值投資必須克服的挑戰

定錨效應

進行投資一段時間後，大家一定都會有類似的經驗，像是以下幾種：

一、當買入一家股價50元的公司，持有一段時間後（可能半年或一年），股價上漲20％來到60元時，通常很難再次買入，因為我們已經被成本價50元「定錨」了。

二、當公司的股價從高點跌下來後，我們可能會尋找過去一段時間（可能半年或一年）內股價的最低點，

希望股價跌到這個最低點才買入，因為我們已經被最低點「定錨」了。

三、當公司的股價從高點回落後，儘管現在的股價已經超過自己原先設定的目標價，仍然會希望股價漲回前一波股價的高點再賣出，因為我們已經被前一波股價高點「定錨」了。

不知道大家有沒有發現，這些例子中的判斷基準點都是股價，而非公司的價值。我非常能夠理解這樣的心態，因為我也經歷過非常多次，所以現在我更知道問題所在。

對應上面的例子，或許我們可以轉換一下思考的方式：

一、當一開始在股價50元買入時，假設我的目標價是65元，潛在報酬有30%；過了半年，股價漲至60元，假設這時候目標價上調至80元時，潛在報酬仍然有當初50元買入時的30%，那我現在買入的標準，是不是跟半年前一樣呢？既然一樣的話，其實我就應該持續買入才對，不應該被原先的成本價50元定錨了。

二、當一家公司股價從高點回落了不少後，我相信很多人都會想去「抄底」，但也就是抄底這個想法，會

讓自己想要買在最低點,這時候就會去看過去半年或一年的最低點。

但是經過半年或一年的時間,公司的價值可能已經發生了些微改變,這會使得公司的股價可能很難回到過去的最低點,因為公司的價值提升了,願意接刀的投資人就會變多,這可能會造成在某些價位的買盤比較旺,所以股價自然就不容易超跌。

因此,我們應該要基於公司當下的價值,去尋找一個合理的安全邊際才對,而非過去一段時間的股價最低點。

三、大多時候股價的高點,都是由情緒及資金所堆疊的,而非公司的價值,所以要是股價從高點回落時,與其去期待股價再次漲回高點,不如適時獲利了結,再將資金買入其他更具有投資價值的公司。

因為由情緒及資金所堆疊出來的股價,並不是合理的價格,需要天時地利人和才有可能發生。

雖然要價值投資人克服定錨效應,但實際上絕對不是那麼簡單,因為這又會牽涉到其他的挑戰!

不受市場情緒影響的心理

　　心理因素往往是價值投資中最難以克服的部分，尤其是在以下兩種情境中：

　　市場恐慌時的勇氣：當公司股價大幅低於內在價值時，許多投資人會因恐懼而猶豫不決，因為疲弱的股價會讓自己懷疑自己的判斷。然而，這正是價值投資者應該果斷買入的時刻才對。

　　市場過熱時的克制：當價格遠超過內在價值時，貪婪可能讓投資人選擇持續持有，期待更高的回報，但這往往伴隨著巨大的回檔風險。

　　當市場價格低於你評估的內在價值時，你是否有勇氣在市場恐慌時買入？而當市場價格遠超過內在價值時，你又能否克制貪婪、果斷賣出？心理因素的挑戰，往往是評估內在價值的隱形門檻。

　　我知道這非常違反人性，也就是因為違反人性，使得非常多人難以真正做到，這就是價值投資的價值所在。

無法培養耐心與紀律

耐心與紀律用說的非常簡單，但我很清楚，當我們身在股市之中，可以真切感受到真金白銀在市場中波動所帶來的正面及負面情緒，那些數字不是冷冰冰、與我們無關的，而是我們自己辛辛苦苦賺來的錢。

就像在玩賽車遊戲一樣，遊戲中可以不斷地失誤、犯錯、重來，但是當我們真正把車開上賽道後，真的有辦法像遊戲那樣子嗎？

身歷其境的過程中，會參雜「人性」這個變數，既然多了人性這個因素，那就會像全世界的人一樣，有著無窮無盡的變化性，也會造就每個人在耐心與紀律的養成上，有各式各樣的阻礙與困難。

對抗挑戰的五個簡易策略

有鑑於此，我們必須透過一些方式，盡可能地克服價值投資途中面臨的挑戰，包括：

一、設定清晰的投資目標：投資不能只抱持「希望能賺錢」這種模糊的期待。你需要明確知道，你是為了什麼而投資？是為了五年後的購屋頭期款？還

是二十年後的退休金?根據目標設定不同的時間框架、報酬預期,才能打造真正適合自己的投資組合。例如:若目標是在十年內達到年化報酬率7%,你就會更傾向選擇穩健型資產而非高波動的短線交易。目標清晰能幫助你在市場震盪中堅守初心、不輕易被干擾。

二、**保持理性與獨立思考**:市場上永遠充滿雜音──新聞標題、投資群組的熱門話題、網紅推薦的高股息ETF……,無法獨立思考、容易受到左右,往往來自於對資訊的無知,真正的價值投資人應該訓練自己獨立思考的能力,看得懂財報、理解企業的產品組成與商業模式、掌握競爭優勢與風險來源。唯有理性,才能在貪婪與恐慌之間穩如泰山。

三、**定期回顧投資計畫**:買入股票只是起點,長期持有的前提是「公司仍值得你持有」。建議至少每季或每半年檢視一次持股,檢視持有的公司是否仍符合原先的投資標準,並根據基本面變化進行適當調整,例如:營收是否持續成長?競爭地位是否改變?財務是否惡化?如果發現企業基本面已明顯惡化,應該理性調整,而不是因為「捨不得」或「太久沒動」而放任資金被困。

四、**不斷累積經驗**：多累積實戰經驗，這能讓自己的理性判斷凌駕於恐慌或貪婪的情緒。建議你從小額開始、記錄每次買入與賣出的原因、當時的心情與結果，一年後回顧這些決策，會讓你意識到自己常在哪些情況下偏離理性。

五、**讓資金分批進場**：不妨把資金分成數批操作，而不是一次性投入。當我們能夠做到分批進出場，這樣即使受到感性的情緒驅使決策，還是有其他部分的資金可以堅持理性決策。例如設定三階段進場：第一階段是基本持倉，第二階段根據價格下跌加碼，第三階段保留彈性資金，應對重大利空或超跌情況。分批操作的本質，是為了讓你在波動中仍有理性空間。

巴菲特曾說過：「投資成功的關鍵不在於智商，而在於理性思考。」在投資市場中，情緒管理至關重要，因為市場的波動往往會引發投資人的恐懼與貪婪，而穩定的情緒能幫助投資者在動盪中保持冷靜，做出明智的決策。

我始終認為，投資最重要的事，就是要有「良好的觀念」，分析方法固然重要，但觀念會影響我們的心態，而心態則能決定成敗。唯有保持穩定的心態並且貫徹始終，才能**夠克服情緒影響，做出理性的判斷**。

08 ▶▶ 該如何開始選股？

在投資的世界裡，選股策略與投資時機一直是影響成功與否的關鍵因素。選股策略主要可分為「由上而下」與「由下而上」兩種方法，而投資時機則可區分為「左側交易」與「右側交易」。

深入探討這些概念，可以幫助投資人釐清適合自己的投資策略。

由上而下選股

由上而下的選股策略，是從總體經濟層面開始分析，逐層篩選到產業、公司，最終做出投資決策。這種策略強調大環境的趨勢，認為市場的整體走向與經濟環境，是決定公司表現的關鍵。

- **總體經濟分析**：首先研究總體經濟的趨勢，如GDP成長率、通膨率、利率政策等。
- **產業分析**：其次評估在當前經濟環境下，具有一定成長潛力的產業，像是AI、半導體、新能源等。
- **公司分析**：最後從具有成長潛力的產業中，挑選基本面良好、具有競爭優勢的公司，並考慮公司估值的合理性，避免買入過度炒作的公司。

優勢

- 可以順應大趨勢，有助於抓住大的經濟趨勢、產業風口與成長紅利，降低投資風險。
- 系統化分析能夠提供具有邏輯的框架，減少選股的盲點。

劣勢

- 需要較高的經濟與產業知識，門檻較高。
- 時間成本高，需要深入研究多層次的資訊。
- 總體經濟與個股的關聯性可能偏低，且市場解讀容易不同調。

總體經濟
整體經濟的趨勢

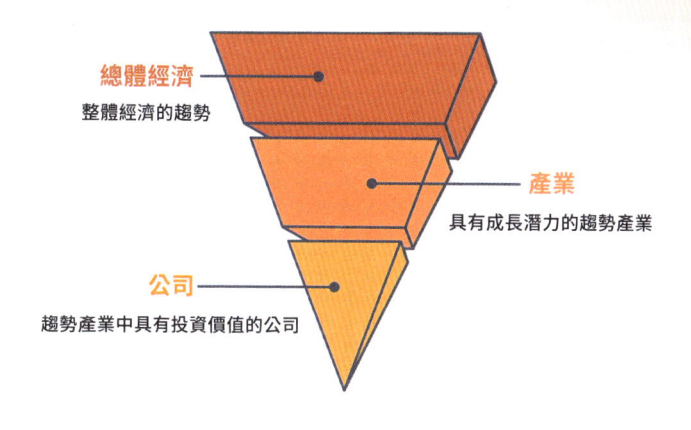

產業
具有成長潛力的趨勢產業

公司
趨勢產業中具有投資價值的公司

圖2.6　由上而下選股

由下而上選股

由下而上選股策略則是從個別公司出發，著眼於公司的基本面，再來才向上尋找產業趨勢，最後才是分析總體經濟走向。

- **公司分析**：首先透過財報研究公司的基本面，包含營收成長、利潤率、現金流、資產淨值等，並了解公司的商業模式、競爭優勢、護城河等。
- **產業分析**：其次了解公司所處的產業競爭和成長潛力。
- **總體經濟分析**：最後才會考慮到總體經濟的面向，但也有很高的機率不會參考。

優勢

- 🟢 比較聚焦個股，容易找到被低估的價值股。
- 🟢 適合追求穩定、低波動的存股型投資人。

劣勢

- 🟥 可能在不利的產業趨勢或經濟條件下承受損失。
- 🟥 很考驗投資人的選股及分析能力，分析得越仔細，才越有機會找到長期穩定成長的公司。

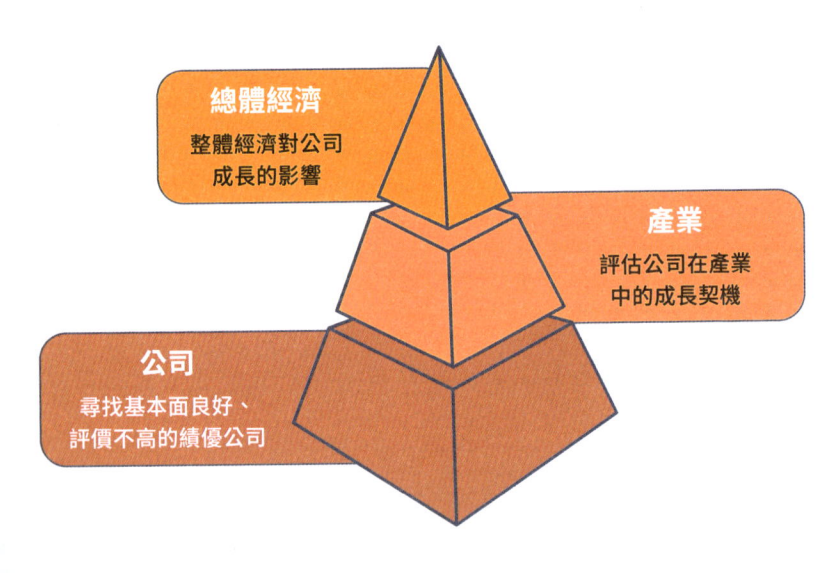

總體經濟
整體經濟對公司成長的影響

產業
評估公司在產業中的成長契機

公司
尋找基本面良好、評價不高的績優公司

圖2.7　由下而上選股

依據產業運用不同策略

至於我是怎麼做的呢？

起初，我主要採取「由下而上選股」的策略，因為初期我專注於基本面與財報的分析，這種方法確實替我帶來不少獲利，因為它能幫助我辨別公司的真實價值，避免被市場短期情緒影響。

然而，隨著涉獵的投資範圍越來越大時，我漸漸發現這種方式的局限性，特別是在電子、科技類股上，因為這些類股最重要的往往是「未來的成長潛力」，要是還把注意力放在現有的數據時，有可能會造成幾種情況：

- 容易被公司過去的數據定錨，忽略產業變化所帶來的成長動能。
- 可能會難以等到合理的價位，因為市場總是提前反映未來價值，一直等待的過程中，可能錯過整體趨勢的起飛。
- 忽略未來趨勢，容易陷入價值陷阱，讓自己身陷風險仍不自知。

我正是實際經歷了價值陷阱後，才深刻體會到「由下而

上選股」的局限性，我意識到：如果市場是向前看的，而我卻只盯著過去，那麼我終將被市場拋在後面，於是我開始調整策略，進而轉向「由上而下選股」。

但是，總體經濟與個別產業的關聯性並不那麼直觀，因此我選擇以產業趨勢及未來性作為核心選股框架，先確定具備長期成長潛力的產業，再從中尋找受惠的優質公司。

這樣的方式就像順水推舟，掌握大趨勢後，個股的選擇反而變得明確許多，也提升了投資的前瞻性與成功率。比起在市場中「撿便宜」，我現在更在意的是：這家公司是否站在趨勢上？它是否具備足夠的競爭力與成長性，讓未來的數據變得更加亮眼？若思維停留在過去，即使再便宜的股票，也可能只是一個遲來的美夢。

「市場永遠是向前看的，而數據則是向後看的。」這正是我從投資經歷中學到的一課。

總結來說：**由下而上的選股在傳統產業仍適用，但在科技產業中，先看趨勢，才能避免迷失在歷史數據中。**

未來比現在更重要，價值不是靜態的，競爭力與成長性才是長期投資的核心。低估值並不等於好投資，未來成長性與市場趨勢，才是決定勝負的關鍵。

左側交易與右側交易

除了選股策略有分別之外，進場其實也有區分策略，而進場時機與方式往往直接影響投資績效與風險承擔。同時，不同的進場節奏會影響資金運用效率、心理壓力，以及後續加減碼的空間。

常見的進場策略分成「左側交易」及「右側交易」，可參考圖2.8──股價循環分成買入時機跟賣出時機，並以股價的低點及高點作為分界，進一步分成左側及右側。

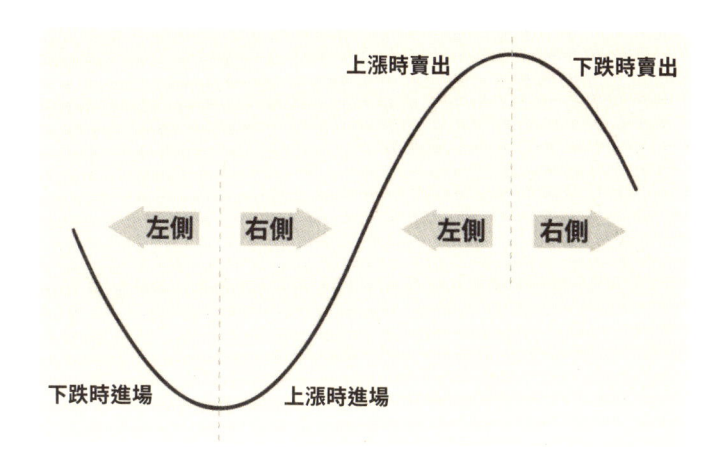

圖2.8　左側交易與右側交易

左側交易：逆勢中的布局藝術

左側交易是一種逆勢進場的策略，投資人在市場趨勢尚未明確反轉的早期階段提前布局，以搶占潛在的價值回歸機會。這種策略適合具備長期視野、能夠承受短期波動的投資人，因為它的關鍵在於——在市場情緒最悲觀時進場，在市場過度樂觀時退場。

> **市場總在極端情緒中誕生機會，**
> **而真正的贏家，往往是那些敢於**
> **在恐慌中買入、在瘋狂中賣出的投資人。**

左側交易的邏輯

一、下跌時進場，趁市場恐慌撿便宜

當一檔股票持續下跌，市場普遍悲觀時，左側交易人會開始評估：這是市場情緒的錯殺，還是公司基本面的惡化？當前價格是否已經低於內在價值？

如果確認股價被市場情緒錯殺、低於內在價值時，左側交易人便會提前進場買入，儘管市場可能還未出現明顯的止跌訊號，但他們相信，市場終將回歸理性。

二、上漲時獲利了結,避開市場泡沫

當市場開始轉向樂觀,股價進入上升趨勢,甚至高於內在價值不少時,左側交易人反而會選擇提前賣出,且避免受到市場樂觀情緒影響追高,因為他們知道,當公司估值過高時,就是最大的風險,一有風吹草動就會讓股價劇烈反應。

三、左側交易的風險與挑戰

⚠️ **市場可能比你想的更瘋狂**:低點往往只有在事後才看得清楚,抄底可能變成「接刀子」。

⚠️ **價值陷阱的風險**:不是所有的低價都是機會,若基本面惡化,股價可能繼續探底,甚至再也漲不回現在的股價。

⚠️ **需要時間與耐心**:市場修復可能需要不少的時間,資金占用成本較高。

因此,左側交易不僅僅是「低買高賣」,更是一種對市場節奏的理解與心理素質的考驗。

總結

左側交易是一種提前布局的策略,在市場悲觀時進場,在市場狂熱時獲利了結,成功的關鍵在於估值判斷,而不是

盲目撿便宜。

這種方法適合擁有長期視野、耐心等待市場修復的投資人，但不適合短線投機人。

風險則在於，市場可能比你預期的更極端，因此風控與耐心至關重要。

右側交易：順勢而為的智慧

右側交易是一種順勢而為的策略，投資人不試圖預測市場底部，而是等趨勢確立後再進場，跟隨市場的力量獲取收益。與左側交易的「低買高賣」不同，右側交易更強調「買高賣更高」，追求資金效率與趨勢紅利。

> 市場趨勢一旦確立，猶豫的人會錯過機會，
> 果斷的人則乘風破浪。

右側交易的邏輯

一、等待市場趨勢確認後再進場

當市場從低點回升，並且形成明確的上升趨勢時，右側交易人才會選擇進場。他們不糾結於「買在最低點」，而是

關注趨勢的持續性,確保自己站在大勢所趨的一方。

這種做法有幾個關鍵優勢:

- 🔼 **降低抄底風險**:避免「低點還沒到就急著進場」,不會接到下跌中的刀子。
- 🔼 **資金利用率更高**:資金只投入真正開始上漲的標的,不會長期閒置等待市場修復。
- 🔼 **順勢交易,讓市場帶你走**:當趨勢確立後,市場會自行推動價格上升,減少投資人的判斷壓力。

二、趨勢反轉時果斷離場

右側交易人不會戀棧市場,他們的核心理念是:「趨勢是朋友,但不會永遠陪你走到底。」當市場出現明顯的回調訊號,右側交易人會果斷出場,保住已獲利的部分,而不會因為貪婪而死守,甚至導致獲利回吐。

右側交易的風險與挑戰

- ⚠️ **可能錯過最甜的價格區間**:由於右側交易者會等趨勢明朗才進場,因此無法買在相對低點,與左側交易相比,進場成本通常較高。
- ⚠️ **容易追高,需謹慎選擇進場時機**:如果趨勢已接近尾聲,貿然進場可能變成「接最後一棒」,甚至被市

場套牢。

⚠️ **短線操作對紀律要求極高**：右側交易強調「趨勢不對，立刻撤退」，若沒有嚴格的風控，可能會陷入虧損擴大的困境。

總結

右側交易是一種順勢操作，避免過早進場帶來的不確定性。

核心策略是「買高賣更高」，專注於趨勢的延續，而非相對低點的爭奪。當趨勢開始反轉時，果斷出場，確保已獲利的部分不被市場收回。

適合希望提高資金使用效率、擅長紀律操作的投資人，但需要嚴格執行停損與出場策略。

左側交易	右側交易
在市場恐慌時進場	確認趨勢後才行動，減少抄底風險
適合長期投資人，強調價值低估	追求短期內資金的高效利用率
需要更高的耐心與風險承受能力	依靠市場趨勢獲利

圖2.9　左側交易 vs. 右側交易

按照投資人自身性格選擇交易方式

在投資市場上,左側交易需要勇氣與耐心,而右側交易則需要紀律。

我認識的價值投資人(包含我自己)大多具備左側交易的能力,而且樂於左側交易,因為左側交易很符合價值投資的核心觀念(內在價值、安全邊際、長期投資、耐心與紀律),因此左側交易提供我們一個很好的進場時間,更提供一定空間的安全邊際與潛在報酬的機會。

不過,我也知道左側交易的過程會比較辛苦,要跟市場逆勢而為需要很大的勇氣,才能克服人性,而且在持有的過程中,我們的想法也與市場大部分的人截然不同,沒有一定的抗壓能力很難堅持下去。但嚐過左側交易的甜頭後,就會對左側交易有所嚮往。

不過,我們應該選擇適合自己的方式,不見得左側交易才是價值投資,也沒有哪一種方式才是正確的,只要能幫我們賺錢的方式都是好方式,所以我們該做的事情是:嘗試各式各樣的方式,然後找出最適合我們個性的一種。

PART III

獲利筆記：找出帶來高報酬的低估股票

09 ▶▶ 開始分析一家公司

　　前面我們探討了眾多價值投資的理論,但在實際操作時,如何將這些理論落實到公司上,很多人仍感到迷茫,尤其是如何開始分析一家公司。接下來,我將以更具體的實戰方式,分享我在這方面的心得,帶領讀者從理論走向實踐。

這家公司在做什麼?

　　在評估一家公司的獲利能力之前,我們首先必須搞清楚公司在做什麼,產品與服務是什麼?只有明白這些基礎資訊,我們才能對公司的營收來源與獲利模式有清晰的認知,還能夠從公司所屬的產業,結合實際的應用面。

　　例如雞肉大廠大成(1210)跟卜蜂(1215),雖然本身所屬產業是飼料、畜牧、肉品加工等,但隨著台灣健身風氣盛行,健康飲食也逐漸受到大家的重視,因此飽和脂肪、膽固醇、熱量含量較低的白肉逐漸受到大家的喜愛,這些公司

的雞胸肉產品也不斷推陳出新，相信大家去各大超商都會看到不少雞胸肉食品，這就是從產業結合實際應用的案例。

我們總不可能連一家公司在做什麼、產品是什麼都不知道，就直接投資這一家公司吧？

就像大家買房的時候，是不是不會放過該建案的任何一個細節，大到建案地點、附近生活機能、公設、大廳、電梯、停車位、垃圾間、每戶格局……等，小到磁磚、氣密窗、廚房三機、洗碗機、馬桶、淋浴用品……等品牌，都會想要一一了解，直到找到符合心中標準的房子，即使沒辦法買到100分的房子，也會希望至少有個70到80分，才會真正下手買房，對吧？

那麼，投資是不是也應該像我們買房時一樣，真正了解公司是否符合自己心中標準的70到80分後，再來決定下手呢？

了解公司在做什麼、產品是什麼，絕對是投資一家公司最基本且重要的事情，這樣才能判斷公司的未來前景會如何，並汰除掉前景不佳的公司。像柯達這家公司，在數位科技已經逐漸取代傳統底片市場時，仍然無法順利轉型，當公司沒辦法順應趨勢時，便會慢慢被市場淘汰。

你可能會覺得，台股產業那麼多，怎麼可能每個產業都了解呢？所以，投資股票就是要從自己熟悉或可以理解的產業下手。

這家公司的營業比重為何？

單純知道一家公司在做什麼、產品是什麼還不夠,至少還需要知道比重及變化,因為這可以輔助我們判斷公司目前的成長動能。

我相信大家一定都有看過新聞分享「某某概念股」,但經過我長年的觀察,這些所謂的概念股大多營收占比都非常低,可能連10%都不到,甚至更低,這也是看新聞買股票容易賠錢的原因之一。

但並不是說不能看新聞尋找投資機會,而是要看對新聞!這裡直接分享一個案例,相信會讓大家更清楚我想表達什麼。

圖3.1這張表格,是我整理台灣廚衛電龍頭櫻花(9911)的營收比重及變化,不知道大家有沒有看出些什麼端倪?

unit:億	2023	2022	2021	2020
廚衛電	49.7	49.5	47.4	42.5
整體廚房	24.1	21.4	18.5	16.5
其他	8.9	11.2	9.8	7.3
Total	82.7	82.1	75.7	66.3

圖3.1　櫻花的營收比重及變化

資訊判讀能力也是個重要的關鍵，因為一樣的資訊，每個人判斷出來的結論可能都會不一樣，這就會影響判斷的結果，這也是價值投資非常有趣的地方。

有人可能會覺得廚衛電營收占比最大，所以看廚衛電營收就好；有人可能覺得2020年到2023年廚衛電營收增加7.2億，跟整體廚房營收增加7.6億差不多；有人可能會覺得2020年到2023年廚衛電營收成長17%、整體廚房營收成長46%⋯⋯。

你覺得哪一個判斷是比較客觀的呢？

答案是──最後一個！以成長率來判斷，會是比較客觀的判斷方式。

因為百分比（%）能夠去除基數和規模差異的干擾，更加客觀地表示變化的幅度，提供標準化的比較，並有助於表達效率與效益。它讓數據變得更具有可比性，也讓我們能夠在各種不同情況下，進行公平的分析和比較。

如果不用百分比，而是使用絕對數值，就會受到數據規模的影響。

例如：K公司的營收從100萬增加至150萬，看起來只增加了50萬，但實際上是成長了50%：(150-100)÷100＝50%

另外一家L公司的營收從5,000萬增加至5,050萬，也是

增加了50萬，但實際上只有成長了1%：(5050-5000)÷5000＝1%

這邊就體現出，規模差異導致單看絕對數值不公平的地方。

百分比表達的是相對成長或變化，無論初始數值是100萬還是100億，百分比能夠提供一個標準化的比較方式，這樣即使兩者的規模差異巨大，百分比仍然可以準確反映成長的相對幅度，使數據的變化更加直觀。

接下來，我們可以把成長率加入圖3.1，變成圖3.2，這樣是不是更容易知道公司各部門每年的成長率，讓我們在閱讀、理解數據時，更加清晰明瞭呢？

我們可以一目了然地看出2020年到2023年間，整體廚房每年提供了穩定雙位數的成長率，廚衛電則是只有2021年有雙位數的成長，2022、2023年只剩下不到5%的成長。

這樣一來，大家覺得櫻花要持續成長，需要靠哪個部門呢？答案應該就很明顯了。

unit：億/%

	2020 營收	2021 年增率	2021 營收	2022 年增率	2022 營收	2023 年增率	2023 營收
廚衛電	42.5	11.5%	47.4	4.4%	49.5	0.4%	49.7
整體廚房	16.5	12.1%	18.5	15.7%	21.4	12.6%	24.1
其他	7.3	34.2%	9.8	14.3%	11.2	-20.5%	8.9
Total	66.3	14.2%	75.7	8.5%	82.1	0.7%	82.7

圖 3.2　櫻花的營收比重及年增率

93

09　開始分析一家公司

具備蒐集、整理、判讀的能力

所以，我們除了要有能力知道公司在做什麼、產品是什麼、營業比重之外，還要有資訊整理及判讀的能力，並從資訊中試著解讀更深層的含義。

這是一項不容忽視的能力，光是將公司近幾年各營業項目數據整理出來，並從中挖掘出背後的深層意涵，就能給我們帶來不小的收穫，這也是為什麼我喜歡統整出公司近幾年各營業項目相關數據的原因。

如果能夠做到這件事，可能就已經比市場中七、八成的投資人更加深入了解這家公司，遠遠超越他們對公司表面資訊的認知，無形間我們的優勢就增加了。

這就像拼圖，我們蒐集到的每一筆財報、營收、產業訊息，單看或許零碎，但一旦經過整理與判斷，就能慢慢拼出一幅完整的公司輪廓。

這種能力不但需要練習，也需要時間去建立邏輯系統。但當你開始熟悉這樣的流程後，會發現自己對公司的理解不再只是來自媒體報導或他人評論，而是來自你自己的分析與判斷。那將會是你作為一位投資人，最踏實也最可靠的底氣。

10 ▶▶ 判斷公司的盈餘品質

當我們在評估一家公司是否值得投資時，絕大多數投資人會將每股盈餘（以下簡稱EPS）視為最重要的指標之一。EPS是指公司的「稅後淨利」除以「在外流通股數」，簡單來說，它反映了一家公司每股股票所能貢獻的獲利數字，這個數字不僅代表公司賺錢的多寡，也是評估公司經營績效的一個重要指標。

對於投資人而言，EPS通常被視為公司是否具備穩定獲利能力的關鍵指標，從而影響股價的波動與長期走勢。

以EPS為基礎，投資人還可以進一步計算出「本益比」這個重要指標。本益比（P/E ratio）是指「股價」除以「EPS」，代表了投資人願意為EPS支付多少倍的股價，這個倍數的高低，通常是衡量公司股票昂貴、合理或便宜的一個重要依據。

本益比過高，可能意味著該公司股票的價值被高估，投資人付出了過多的溢價；相對地，本益比過低，則可能意味

著市場對該公司前景的信心不足，股價可能處於低估狀態。

然而，本益比與EPS的關聯並非單純的數學公式，在實際運用中，我們需要考量到許多外部因素。例如，不同行業的公司，由於其成長性與市場前景的不同，本益比的標準就會有所不同。成長型公司可能會有較高的本益比，因為市場預期其未來的獲利會大幅成長；而成熟型公司則可能擁有較低的本益比，因為其獲利成長相對穩定。當然，EPS與本益比只是評估公司投資價值的一部分，我們仍須搭配產業趨勢進行綜合分析。

在我自己的投資策略中，我也經常依賴這些指標來作為決策的基礎，當我看到一家公司有著穩定成長的EPS，並且本益比處於合理範圍時，我會更願意將其視為投資標的。

所以說，EPS扮演著非常重要的角色，不僅是評估一家公司獲利能力的基石，也是判斷股價是否被合理估價的重要依據。也因為它如此重要，我們才更應該好好審視EPS品質的好壞。

我們必須明白，這些數字背後有著許多隱藏的風險與不確定性，就如所有財務數據一樣，單一指標並不能完全解釋公司未來的走勢，因此對於投資人來說，理解指標並加以靈活運用，才是最終成功的關鍵。

EPS的組成：留意業外損益

前面提到EPS＝「稅後淨利」÷「在外流通股數」，但稅後淨利存在非常多的不確定性，因為稅後淨利是由「營業利益」＋「業外損益」，再扣除所得稅後得來的，其中「業外損益」是最多人會忽略的地方，也是決定EPS品質的重要因素。

因為業外損益包含許多與公司本業無直接關聯的項目，像是利息收入、其他收入（含匯兌損益、處分損益、股利收入、金融資產評價損益）……等。

另外，我們在評估業外損益的時候，還要去思考一個重點，那就是這些業外損益是「一次性」還是「持續性」？如果一家公司的EPS來源，是與本業無關或一次性居多的話，你認為這樣的EPS還具有參考價值嗎？

舉個非常好的例子──可成（2474）。或許在一些人的印象中，可成仍是鎂鋁合金機殼大廠，其實不然，自從公司2020年賣廠、退出蘋果供應鏈之後，宣布將跨足高階醫材領域，轉投資了不少醫材股，像是邦特（4107）、鐿鈦（4163）、佳醫（4104）、太醫（4126）、聯合（4129）……等，所以現在的可成對我來說，用控股公司或投資公司來形容可能更加貼切。

在這家公司身上幾乎可以看到大部分業外的項目。

我們來看看圖3.3,是可成2019年到2023年的損益表,2019年顯示本業的營業利益還有141.1億,但到了2023年卻只剩下16.27億,這就是可成賣廠、退出蘋果供應鏈之後公司的窘境。

unit: 億	2023	2022	2021	2020	2019
營收	180.7	278.2	410.9	825.1	916.3
營業利益	16.27	49.69	87.6	149.4	141.1
業外損益	106.7	115.7	33.11	259.1	58.74
利息收入	104	43.13	8.23	20.02	41.53
其他收入	13.52	79.67	29.74	244.86	26.91
採權益法認列	1.05	0.74	-0.035	-0.007	-0.0097
稅前淨利	122.9	165.4	120.7	408.5	199.8
稅後淨利	91.51	109	85.75	211.3	112.7
EPS(元)	13.33	15.14	11.31	27.65	14.63

圖3.3 可成2019年到2023年簡易損益表

業外的部分可以分成兩部分來說:

一、2020年可成賣廠,獲得約259億的處分利益(見圖3.4),光是賣廠的獲利就占稅前淨利的63%之多,使得2020年度的EPS從2019年的14.63元,暴增至27.65元。

不過市場也不是傻瓜,大家都很清楚賣廠屬於一次性的

業外收益,並不會因為賣廠提高單一年度的獲利而拉高股價,因為這是犧牲公司未來能持續賺錢的工廠所換來的一次性獲利,比起一次性的獲利,市場更喜歡穩定且持續性的獲利。

所以,要是我們只看到2020年的EPS成長將近90%,就很有可能陷入業外一次性獲利的陷阱。

(三) 其他利益及損失	109 年度	108 年度
處分子公司利益(附註二八)	$ 25,951,192	$ -
透過損益按公允價值衡量之金融資產利益(損失)	25,008	(17,484)
其他	270,711	105,500
	$ 26,246,911	$ 88,016

圖3.4 可成處分子公司利益
來源:可成財報

二、可成平時帳上的現金本來就不少,2020年賣廠後更是有超過1,000億的現金,雖然公司宣布將跨足高階醫材領域,轉投資了不少醫材股,但公司仍然有大量的現金,所以公司就用這些現金買入大量的金融資產,見圖3.5。

截至2023年底,公司總資產中就有高達88%是現金及

代碼	資產	112年12月31日 金額	%	111年12月31日（調整後）金額	%	111年1月1日（調整後）金額	%
	流動資產						
1100	現金及約當現金（附註四及六）	$ 42,462,866	17	$ 57,546,920	24	$ 53,874,283	22
1110	透過損益按公允價值衡量之金融資產－流動（附註四及七）	378,550	-	189,736	-	3,967,937	2
1120	透過其他綜合損益按公允價值衡量之金融資產－流動（附註四及八）	3,900,676	1	143,609	-	1,870,987	1
1136	按攤銷後成本衡量之金融資產－流動（附註四、九及二三）	66,975,463	26	116,953,536	49	122,046,739	49
1170	應收帳款（附註四及十一）	3,787,393	1	9,564,795	4	9,665,413	4
1200	其他應收款（附註四及十一）	1,631,003	1	843,330	-	503,406	-
1130X	本期所得稅資產（附註四及二一）	13,688	-	52,278	-	425,494	-
130X	存貨（附註四、五、十二及二三）	2,250,076	1	3,392,456	1	3,316,762	1
1470	其他流動資產（附註十九）	221,420	-	309,385	-	406,109	-
11XX	流動資產合計	121,621,135	47	188,996,045	78	196,077,130	79
	非流動資產						
1510	透過損益按公允價值衡量之金融資產－非流動（附註四及七）	1,516,149	1	1,298,244	1	958,795	-
1517	透過其他綜合損益按公允價值衡量之金融資產－非流動（附註四及八）	85,762,654	33	3,509,701	2	5,430,345	2
1535	按攤銷後成本衡量之金融資產－非流動（附註四及九）	25,615,944	10	25,721,104	11	21,132,384	9
1550	採用權益法之投資（附註四及十）	2,930,670	-	2,181,179	-	8,050	-
1600	不動產、廠房及設備（附註四、十五及二三）	12,772,462	5	14,338,395	6	17,868,347	7
1755	使用權資產（附註四及十六）	968,308	-	999,332	-	1,016,568	-
1760	投資性不動產（附註四及十七）	1,168,885	1	953,276	-	221,565	-
1780	無形資產（附註四及十八）	10,698	-	22,707	-	57,707	-
1840	遞延所得稅資產（附註四及二一）	3,900,308	2	3,440,126	1	4,058,919	2
1990	其他非流動資產（附註十九）	112,568	-	102,581	-	72,993	-
15XX	非流動資產合計	134,758,646	53	52,566,645	22	50,825,673	21
1XXX	資產總計	$ 256,379,781	100	$ 241,562,690	100	$ 246,902,803	100

圖 3.5 可成動用現金買入大量金融資產

來源：可成財報

金融資產，以至於2023年，光是金融資產所帶來的利息就高達104億，遠比營業利益的16.27億高出好幾倍，而且這時候業外損益占稅前淨利已經高達將近87%了，這樣由業外損益帶來的EPS，對股價真的有幫助嗎？是不是就如我前面提到的，現在用控股公司或投資公司來形容可成更為貼切？

從可成這個例子就可以知道，市場對於一次性或與本業無關的業外損益並不青睞，所以公司的股價不會隨著EPS的變化而變化，會影響股價的因素來自交易公司的資產價值，或未來可能轉型成功的機會。

唯一有參考價值的業外項目

可成的業外中，還有一個項目是「採用權益法之關聯企業損益份額」（以下簡稱「採權益法之投資」），因為這個金額相對於可成的其他業外來說實在太低，低到對獲利完全起不了影響，不過這個業外才是市場會買單的項目。

「採權益法之投資」的白話文就是：公司打算長期投資的公司，並且持股比例高達20%到50%，便會按照被投資公司的損益，依照持股比例認列投資利益。

所以，被認列在「採權益法之投資」的獲利，市場通常是會買單的。

我再舉一個例子，是業外比本業還要高，而市場卻買單的例子。

美利達（9914）為台灣第二大自行車成車廠，公司除了自有品牌「Merida」之外，更額外投資自己的客戶——美國前幾大高階自行車品牌「Specialized」（以下簡稱SBC），持股高達35%，不但是供應商，更是股東的身分。

由於公司是基於長期投資的考量，買入SBC的股權且超過20%，因此這部分投資被認列為「採權益法之投資」，對我來說，我甚至會將SBC的投資視為公司本業，因為美利達跟SBC都屬於自行車產業，所以在同產業間的轉投資，就像是母公司與子公司，或供應鏈上下游整合的概念一樣。

我們來看看美利達2019年到2022年的損益表（圖3.6），會發現2020年、2021年的業外損益，正式超過本業的營業利益，這一現象最主要的原因就是SBC獲利大幅成長，使得「採權益法之投資」的金額暴增，才會出現業外損益大於營業利益、而市場卻買單的罕見現象。

對一般正常穩定獲利的公司來說，業外損益不太會長期出現超過營業利益的情況，所以美利達這例子屬於比較少見的例子，但仍然要記得「採權益法之投資」是持續性的業外，甚至可視為本業的一部分。

unit: 億	2022	2021	2020	2019
營收	370	293.9	270.7	282.4
營業利益	34.37	15.89	18.84	17.11
業外損益	10.6	46.15	33.57	14.93
利息收入	0.43	0.24	0.34	0.81
其他收入	4.7	2.46	-0.11	1.06
採權益法認列	6.24	43.93	33.85	13.5
稅前淨利	44.98	62.05	52.41	32.04
稅後淨利	33.89	46.5	39.93	25.02
EPS(元)	11.34	15.55	13.36	8.37

圖3.6 美利達2019年到2022年的簡易損益表

總結來說，我們在投資一般的公司時，業外中只有「採權益法之投資」具有參考價值，其餘的業外都是與本業無關或一次性的收入，市場給予公司的評價並不會因此而提高。

所以在投資時，不是單看EPS而已，最好也要看一下營業利益、業外損益、稅前淨利的關係，扣除「採權益法之投資」的業外損益占稅前淨利的比例，要盡可能越低越好，這才代表公司的盈餘品質越純，這樣也更有利於我們估算公司的目標股價。

11 ▶ 毛利率品質才是關鍵！

當我們評估一家公司的獲利能力時，常常會將EPS視為最直接的指標，然而我們除了要關注EPS的品質之外，我認為還有一個數據比EPS更為重要，那就是「毛利率」。

EPS往往是反映一家公司在某個季度或年度的結果，而毛利率才是影響這些結果好壞背後的重要因素，就像是因果關係一樣，先有了毛利率這個「因」，才會產生EPS這個「果」。

因此，EPS固然是公司獲利非常重要的指標，但毛利率或許在揭示公司獲利表現的真實面貌上，扮演著更為關鍵的角色。這提醒我們不僅要看結果，更應該深刻理解驅動這些結果的原因。

毛利率：展現競爭優勢的關鍵數據

首先，我們需要理解毛利率如此重要的原因，因為它很

大程度反映了公司所擁有的競爭優勢。

以台積電（2330）和聯電（2303）為例，台積電的毛利率高達50%，而同樣作為晶圓代工的聯電毛利率卻只有30%，這其中的差異和背後的原因是什麼呢？

因為，先進製程的晶片只有台積電做得出來，它沒有競爭對手，議價能力自然就比較高，也就可以賺取更高的毛利；聯電則是以成熟製程14nm以上為主，面臨比較多的競爭對手，議價能力自然就不如台積電。

這種差異正是公司之間技術和產品的區別，反映了公司的競爭優勢，最終造成了毛利率的顯著差異。

因此，毛利率不僅是我必須關注的指標，更是我認為在同一產業中，最能體現公司競爭優勢的關鍵數據，這一指標能夠讓我們清楚地看到，哪些公司憑藉著獨特的技術或產品，站穩了市場的尖端，並在競爭中占據有利的位置。

影響毛利率的變數

接下來，我們來探討有哪些因素會影響到毛利率？

相信大家Google會看到一大堆因素，例如公司定價能力、生產成本、原物料價格、規模經濟、生產效率……等等。沒錯！這些的確是我們需要具備的知識，但是說真的，

這些資訊對於我們這些非公司管理階層的人來說，真的是能夠輕易掌握的嗎？

舉個例子，也許某一季原物料價格下降，但同時生產效率不佳；或是下一季生產效率提高了，但公司發放獎金，使得生產成本上升。這些變動都可能導致兩季的毛利率差異不大，但對於我們來說，我們只能看到毛利率保持差不多的結果，卻無法得知背後各項參數的變化。因此單看毛利率，就沒辦法作為投資決策的參考依據。

所以，當我在評估毛利率時，我會將重點放在一個相對容易理解且影響深遠的因素——「**產品組合的變化**」，這是一個我們能夠觀察和預測的數據，且對毛利率的影響更為直接。

當公司產品組合產生變化，特別是高毛利產品成長時，這將直接提升公司整體的毛利率。因為並非所有公司的營業項目都是100%同類型，像是大家耳熟能詳的聯華食（1231），營業項目就可以分成休閒類、鮮食類，各類別的毛利率自然也就不同，休閒類毛利率高達35%以上，而鮮食類卻只有約5%而已。我們來思考一下，當休閒類的營收比重越來越高時，是不是就會很明顯地提高公司整體的毛利率呢？

所以，與其去糾結那些難以取得的資訊，不如將重心放在「產品組合的變化」，對我們的投資會更有幫助。

舉個例子，我透過營收比重與毛利率的變化，發現一個投資機會，這家公司就是不斷電系統的碩天（3617）。

我先是觀察到公司的毛利率從2022年至2023年持續上升，在這段期間，單季毛利率從最低不到40%，一路上升至50%以上，短短兩年不到就上升超過10%，這是很驚人的表現；除此之外，2023整年度的毛利率為47.68%，更是創下公司的歷史新高。

我對於這種毛利率不斷上升的公司，特別有興趣，因為毛利率代表公司的競爭優勢，毛利率持續的上升，是不是公司競爭優勢不斷擴大的一種表現呢？於是，我就去尋找讓公司毛利率上升那麼快的原因。

原來，是因為碩天的「資料中心電源管理系統」成長率非常高（見圖3.7），2020年到2023年營收年複合成長率（CAGR）有30%的亮眼表現，遠比營收占比超過55%的「不斷電系統」的年複合成長率 5.5%高太多了！這也使得「資料中心電源管理系統」的營收占比，從2020年的17%，上升至2023年的29%。

此外，「資料中心電源管理系統」的毛利率是高達55%到60%的產品，「不斷電系統」的毛利率只有約35%到45%而已。因此，公司整體的毛利率從35%到40%這個區間，上升至45%到50%；碩天的股價也從營運谷底的2021年，

逐年上漲至2024年！

因此，我們要挑選的不只是毛利率比較高的公司，還得透過各產品毛利率、營業比重的變化，來輔助判斷這間公司的未來發展性，所以毛利率是我認為三率中最重要的數據。

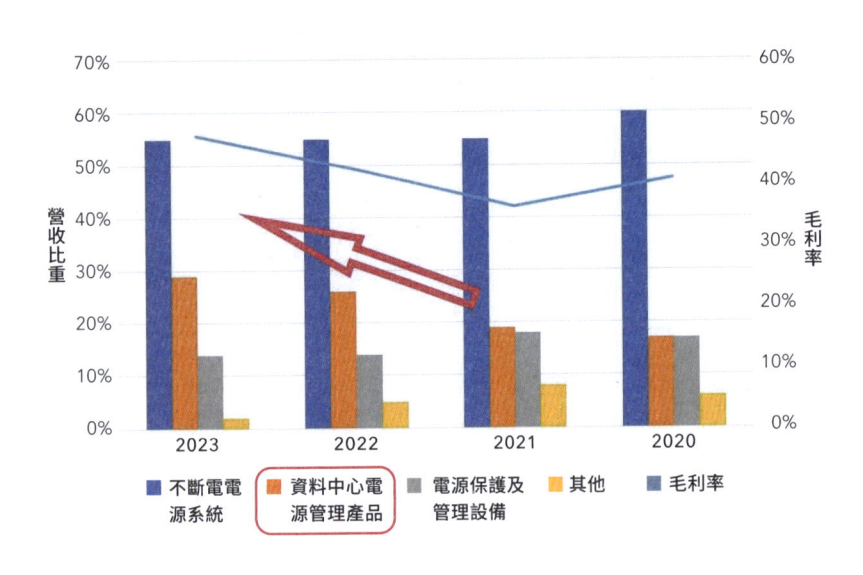

圖3.7 碩天營收與毛利率比重變化

營業利益才代表本業是否賺錢

重要的除了毛利率之外,營業利益也是另外一個重點。

營業利益＝營收－成本－費用

這個數據就是公司本業所賺的錢。

淨利＝營業利益＋業外損益－所得稅

淨利的數據中增加了業外損益及所得稅的變因,因此,營業利益是不是比淨利,更能夠體現出公司本業真正賺了多少錢呢?如前一章所說,業外有太多會影響淨利和EPS的雜項,所以比起淨利和EPS,營業利益更適合作為判斷公司本業獲利成長的數據,而非只是單看EPS就作為投資依據!

再來舉個例子——訊連(5203)。如圖3.8所示,訊連2020年的營收持續增加至2024年,毛利率也從2020年的82.8%,增加至2024年的85.9%,照理來說公司賺的錢也會越來越多才對,要是我們單看EPS的話,也一定會有這樣的錯覺,因為EPS從2020年的2.26元,增加至2024年的3.98元,年複合成長率可是高達20%!但為什麼我會說公

司獲利成長是錯覺呢？

關鍵就在於營業利益，營業利益的絕對金額則是呈現相反的數據，從2020年的2.37億，逐年下降至2023年的1.5億，直到2024年才稍有起色，原因是什麼？

答案就是公司營業費用率持續上升，從2020年的68.3%，增加至2024年的77.4%，其中又以推銷、研發費用增加得最多，這代表什麼意思呢？這代表公司現階段需要砸大量的推銷費用來讓營收成長，並且持續加大研發費用，增加公司的產品競爭力。

公司為了成長而砸下推銷和研發費用自然沒有問題，但是在過去一段時間內，成果並沒有太好，因為營收增加不如營業費用增加，這樣子就會侵蝕獲利。

所以我們身為投資人，沒有必要在公司的推銷和研發成果還沒有顯現出來時，就去投資這家公司，而是應該在成效出來後再進行投資，才會是比較明智的選擇，這就是為什麼我目前不認為訊連是個好的投資選擇。

項目	2024		2023		2022		2021		2020	
營收	20.6	%	18.65	%	16.91	%	15.77	%	16.41	%
毛利	17.76	85.9%	15.96	85.6%	14.62	86.5%	13.22	83.8%	13.58	82.8%
費用	16	77.4%	14.45	77.5%	12.65	74.8%	11.25	71.3%	11.2	68.3%
推銷	7.58	36.6%	7.12	38.2%	6.24	36.9%	5.31	33.7%	5.77	35.2%
管理	1.27	6.1%	1.18	6.4%	1.08	6.4%	1.18	7.5%	1.16	7.1%
研發	6.7	32.4%	5.83	31.3%	5.33	31.5%	4.76	30.2%	4.28	26.1%
利益	1.76		1.5		1.97		1.97		2.37	
EPS(元)	3.98		2.81		2.34		-7.21		2.26	

圖3.8　訊連的各項數據

三率指的是：**毛利率、營業利益率、稅後淨利率**，是分析一家公司獲利結構與營運效率的基礎指標。以下進行簡單整理：

① 毛利率

- **公式**：（營業收入－營業成本）÷ 營業收入 × 100%
- **意義**：公司賣掉商品或提供服務後，扣除成本所留下的毛利空間。毛利率高，代表產品有定價能力，或是成本控制得當。
- **用途**：毛利率高者，大多比同行具備競爭優勢；若毛利率穩定上升，通常代表公司產品組合有所進展，或品牌價值提升。

② 營業利益率

- **公式**：（營業收入－營業成本－營業費用）÷ 營業收入 × 100%
- **意義**：扣除營業成本與營業費用後，留下多少營業利益。這個指標反映本業經營效率與獲利能力，不包含業外收支。
- **用途**：穩定成長的營業利益率，代表公司管理體質良好。

③ 稅後淨利率

- **公式**：稅後淨利 ÷ 營業收入 × 100%
- **意義**：表示公司扣除營業支出、業外損益、稅金後，最終能留下多少真正可分配的「淨利」，是整體財務體質與經營效率的總結指標。
- **用途**：公司若營業利益率不錯，但淨利率很低，可能有高額的業外損失或稅負過重，是判斷企業真正可創造多少股東價值的重要依據。

在許多實戰中，常常需要具備靈活應變的能力，不同的公司可能需要觀察不同的指標，有些公司以毛利率為重，有些則更注重營業利益（率），而另一些公司可能會將焦點放在稅前或稅後淨利上，絕對不會有一個固定的公式可以套用到所有情況中。

　　我們能做的事情就是，徹底理解每一個指標與數據背後所代表的真正含義，只有這樣，我們才能將這些指標與數據融會貫通，並在複雜的情況中做出更準確的判斷。這種深刻的理解，不僅讓我們能夠應對各種變化，也能夠在面對不同情境時，做出最合適的決策。

12 ▶▶ 預估未來獲利

當我們對於盈餘品質及利率品質都有深入的認知之後，接下來就可以好好地著手建立「簡易損益表」，這是讓我們可以預估未來獲利及 EPS 一個重要的工具，會是我們做投資決策中非常重要且關鍵的一環。

為什麼預估 EPS 那麼重要？

因為能預估 EPS，才能計算出公司獲利的成長率，獲利成長率是我認為非常重要的數據，因為當獲利有一定的成長時，才有可能帶動股價的上漲，如果一家公司的獲利長年沒有明顯的成長、停滯不前時，通常股價也很難出現顯著的上漲。

就像是許多人喜歡存股的公司——中華電（2412）、統一（1216）等，這些公司已經進入成熟期，所以營收、獲利很難再有大幅度的成長，這特性也會反映在公司的股價上，因此很難出現大幅度的上漲，見圖 3.9。

統一	2024	2023	2022	2021	2020	2019
EPS	3.64	3.23	3.02	3.5	3.79	3.35
股價	80.9	74.5	66.6	68.6	67.5	74.2

中華電	2024	2023	2022	2021	2020	2019
EPS	4.8	4.76	4.7	4.61	4.31	4.23
股價	123.5	120	113	116.5	109	110

3.9　統一與中華電的損益數據

預估獲利的方式，需要不斷優化

營收

首先，預估營收的過程絕對不能僅憑直覺，也不是單單看幾個月累計營收的成長率，就可以作為推算整年度成長率的依據，因為每家公司的狀況都截然不同，往往會受到一些變動因素的影響，像是淡旺季的差異、去年同期的基期高低……等等，這些都需要細心考量。

有些公司會給出營收展望，比如提到「今年營收相較於去年將成長雙位數」等類似字句，但通常這類表述不會提供具體的數字，畢竟預估營收的目的是讓大家對未來有一個大致的方向，並了解今年營收是成長還是衰退，或者成長的幅

度是增加、維持或出現下滑。

或者,也可以透過拆解各營業項目的成長率,推估出整年度的營收成長,這樣對於營收的預估會更為精確。因此,我自己在預估營收時,會盡可能將各營業項目拆開逐一分析,然後再將各部分的預估數據加總,得出整年度的預估營收,這樣不僅能提高預估的準確度,也讓整個預測過程更具邏輯性。

毛利率

預估毛利率是一個既困難又關鍵的部分,因為在影響公司獲利的因素中,除了營收之外,毛利率的影響同樣不能忽視,我前面已經多次提到毛利率的重要性,因為它對於公司的獲利能力有著至關重要的影響,甚至還會影響市場對於公司的評價。

然而,毛利率的預估實際上是一項非常具挑戰性的任務,即使是公司高層的管理團隊,要能準確預估毛利率也未必做得到,更遑論一般投資人了。但相信大家一定看過公司自己提出的財測預估,能夠預估出一定範圍的毛利率區間,這是怎麼做到的呢?

這大多是透過分析各營業項目的占比去預估的,就像我前面提到的,我們可以根據各營業項目的成長率,來推估整年度的營收成長,一旦了解了各營業項目的營收及其在總營

收中的占比，便可以進一步根據各營業項目的毛利率區間，來推估出公司整體毛利率的區間。

當然，要做到這一點，我們需要了解各營業項目的毛利率區間，而這些數據大多只有公司管理層揭露時才能獲得，因此必須依賴公司提供的資訊。

如果無法取得這些具體數字，我們仍然可以透過分析高毛利與低毛利營業項目的占比變化，來做出毛利率增減的粗略判斷。

但是說真的，影響毛利率的因素實在太多了，真的很難一概而論，像是原物料價格、固定／變動成本、折舊⋯⋯等因素，都會影響到毛利率，這也使得預估毛利率變得格外困難。

所以，我們能做的就是盡可能掌握更多的資訊，並用這些資訊來提升我們對毛利率走向預估的準確性。畢竟，只有越全面的理解，才能幫助我們在這條投資的道路上走得更穩、更遠。

營業費用

首先，營業費用可以分成管理費用、推銷費用、研發費用，也就是所謂的管銷研，不同產業公司的管銷研占比都會有所不同，所以要針對各產業做不一樣的判斷。

就像是IC設計公司一定會著重在研發費用上，因為研發能

力是公司未來獲利能否持續成長的關鍵,所以研發費用是最不能省的部分,大部分著重研發的公司會以「營收的占比多少%」作為研發費用,而這就是預估的依據,例如義隆(2458)。

2458 義隆 單季損益表 (合併) (單位:億元)																
本業獲利	2024Q4		2024Q3		2024Q2		2024Q1		2023Q4		2023Q3					
	金額	%	金額	%	金額	%	金額	%	金額	%	金額	%				
銷貨收入淨額	30.36	100	34.03	100	31.51	100	31.06	100	31.1	100	35.02	100				
營業收入	30.36	100	34.03	100	31.51	100	31.06	100	31.1	100	35.02	100				
營業成本	15.29	50.3	17.25	50.7	16.21	51.4	16.17	52	16.53	53.1	18.51	52.9				
營業毛利	15.07	49.7	16.77	49.3	15.31	48.6	14.89	48	14.58	46.9	16.51	47.1				
已實現銷貨損益	0.006	0.02	-0.003	-0.01	-0.003	-0.01	-0.005	-0.01	0.004	0.01	0.003	0.01				
營業毛利淨額	15.08	49.7	16.77	49.3	15.3	48.6	14.89	47.9	14.58	46.9	16.51	47.2				
推銷費用	0.91	2.99	0.81	2.37	0.89	2.84	0.93	2.98	0.82	2.63	0.59	1.67				
管理費用	1.2	3.94	1.26	3.69	1.28	4.06	1.29	4.14	1.12	3.62	1.26	3.59				
研究發展費用	5.78	19	5.46	16	5.44	17.3	6.17	19.9	5.39	17.3	5.31	15.2				
預期信用減損損益	-0.025	-0.08	-0.014	-0.04	0.007	0.02	0.016	0.05	-0.013	-0.04	0.012	0.03				
營業費用	7.86	25.9	7.51	22.1	7.63	24.2	8.4	27	7.32	23.5	7.17	20.5				
營業利益	7.22	23.8	9.27	27.2	7.68	24.4	6.49	20.9	7.26	23.4	9.35	26.7				

圖3.10 義隆的研發費用占比
圖片來源:Goodinfo! 台灣股市資訊網

另外,像是連鎖餐飲類股的王品(2727),品牌需要不斷大量曝光來吸引消費者,才能夠維持公司的營收成長,所以公司通常會有穩定且高額的推銷費用,圖3.11就可以看出王品的推銷費用會控制在33%到34%之間,而這就是預估的依據。

2727 王品 單季損益表 (合併) (單位:億元)												
本業獲利	2024Q4		2024Q3		2024Q2		2024Q1		2023Q4		2023Q3	
	金額	%	金額	%	金額	%	金額	%	金額	%	金額	%
營業收入	55.26	100	57.53	100	53.6	100	56.52	100	55.01	100	58.25	100
營業成本	29.6	53.6	30.22	52.5	28.03	52.3	29.76	52.7	29.79	54.2	31.11	53.4
營業毛利	25.66	46.4	27.31	47.5	25.57	47.7	26.76	47.3	25.22	45.8	27.14	46.6
營業毛利淨額	25.66	46.4	27.31	47.5	25.57	47.7	26.76	47.3	25.22	45.8	27.14	46.6
推銷費用	**18.28**	**33.1**	**19.33**	**33.6**	**18.16**	**33.9**	**19.41**	**34.3**	**18.61**	**33.8**	**19.27**	**33.1**
管理費用	2.93	5.29	3.05	5.3	2.9	5.41	3.64	6.45	2.45	4.46	3.31	5.69
研究發展費用	0.078	0.14	0.066	0.11	0.077	0.14	0.047	0.08	0.057	0.1	0.07	0.12
營業費用	21.29	38.5	22.44	39	21.14	39.4	23.1	40.9	21.12	38.4	22.65	38.9
營業利益	4.38	7.92	4.87	8.47	4.43	8.26	3.66	6.47	4.11	7.46	4.49	7.7

圖3.11　王品的推銷費用占比
圖片來源：Goodinfo! 台灣股市資訊網

　　管理費用則通常較為穩定，比較不會有太劇烈的增減，因此我們可以參考過去幾季或去年同期的絕對金額，並在此基礎上加上一些微幅的成長來進行預估。

　　其實除了特定產業或公司，大部分公司管銷研的費用都相對穩定，不會出現過大的變動，因此，這些公司在預估管銷研費用的時候，就可以像預估管理費用一樣，基於過去幾季或去年同期的絕對數字，適度加上微小的增幅即可。

　　我們只需要特別注意某些產業或公司，對於管銷研費用可能會有特殊的要求，在這些情況下必須特別謹慎，對這些產業進行更為細緻的分析。

營業利益

營業利益代表的是公司「本業」的獲利情況,所以很多時候我在觀察公司獲利情況時,會更看重營業利益,而非EPS。在預估營業利益的過程中沒有什麼難度,因為營業利益就是營業毛利－營業費用,直接套入公式即可。

業外損益

業外損益的預估,可以回頭看看第10章,除非公司業外中有「採用權益法之關聯企業損益份額」,否則我通常會忽略業外損益的金額,因為這部分完全沒辦法有合理的預估依據,與其花時間在枝微末節的業外上,不如把時間放在其他更有意義的事情上,因為可能花了很多時間,最後影響的結果卻是微乎其微。

稅前淨利

稅前淨利＝營業利益＋業外損益。然而,在大多數忽略業外損益的情況下,稅前淨利會被簡化為營業利益,雖然這樣的做法在會計角度是錯誤的,但對於我們進行預估時,這種簡化的處理方法並非不合理,因為我們所追求的預估值並不需要是極度精確的數字,而是能夠提供一個大致方向的估算。

所得稅

所得稅這部分也不需要花費太多時間,因為一家公司的產品可能會銷往不同的地區,像是北美、歐盟、中國、東北亞、東南亞……等地區,就有可能在各地區設立子公司,每個地區的所得稅率都截然不同,這就讓所得稅的預估變得十分複雜,且我們作為一般投資人,很難準確預測。

因此,我通常會根據過去幾季或去年同期的所得稅率來進行粗略估算。就像義隆(2458)這家公司,近兩年每季的所得稅率大多在18%到22%之間,雖然偶爾會有一些極端值,但這些變動已經超出我們能夠精確掌握的範圍。

我們不必追求過度精細的數字,抓住一個大致的範圍即可,這樣可以幫助我們在整體的財務分析中形成合理的預期。

項目	2024 Q4	2024 Q3	2024 Q2	2024 Q1	2023 Q4	2023 Q3	2023 Q2	2023 Q1
稅前淨利	7.28	8.43	8.76	8.26	6.6	9.6	5.78	2.76
所得稅	1.73	1.7	1.58	1.79	1.28	2.01	1.25	0.33
所得稅率	23.8%	20.2%	18.0%	21.7%	19.4%	20.9%	21.6%	12.0%

圖3.12 義隆的所得稅率

稅後淨利

　　稅後淨利就是稅前淨利－所得稅，套入公式即可。

EPS

　　EPS＝稅後淨利 ÷ 在外流通股數，所以我只需要找出在外流通股數，然後套入公式，即可得出最後的預估EPS了！

　　以上就是預估未來獲利的整個流程，雖然看起來不會太複雜，但實際預估幾家不同產業的公司時，就會發現其中有很多眉角需要注意。

善用EXCEL製作簡易損益表

　　我會建議用EXCEL做成一個簡易損益表，調整部分參數就可以讓所有數據都連動，像是圖3.13是我常用的計算方式，最左邊一排有「＝」的都代表有公式，也就是說我可以隨時調整營收、毛利率、費用、業外，其他項目都會隨著公式跟著調整，估算起來更有效率。

項目	2024Q4		2024Q4	
股數(J)	2.930202			
營收(A)	79.5	%	79.5	%
毛利(B) =A*毛利率	46.9	59.0%	46.1	58.0%
費用(C)	23	29%	23	29%
利益(D)=B－C	23.9	30%	23.1	29%
業外(E)	3		3	
稅前(F)=D＋E	26.9		26.1	
所得稅(G) =F*所得稅率	7		6.8	
稅後(H)=F－G	19.9		19.3	
EPS(I)=H/J	6.8		6.6	

圖3.13　善用EXCEL製作簡易損益表

　　仔細看圖3.13，這是我預估億豐（8464）2024年第四季獲利時做的表格，首先我預估毛利率可能落在58%到59%之間，再來預估營業費用及業外，就可以得到2024年

第四季EPS的預估值約為6.6到6.8元之間。

億豐後來公布的EPS為6.6元，我非常幸運地預估準確，但看實際的損益表就會發現，其中有些參數仍有出入，這就是我在第11章提到的，單看結果是差不多的，但是其中的參數卻有所不同。

這也是預估獲利時要有的認知，畢竟預估本來就充滿不確定性，重點在於捕捉出主要的趨勢和框架，而不是精確到每一個細節，只要這樣的估算能夠幫助我們把握大方向，對於投資決策仍然具有重要的參考價值。

13 ▸▸ 估值、目標價格與安全獲利

在台股中估值的方式有很多種，常見的像是本益比、本淨比（又稱股價淨值比，Price-to-Book ratio、PB ratio）、殖利率法等，其中我最常使用本益比，這也是在台股中共識度最高的一種估值方式，股市交易就是一種市場共識，所以使用市場共識度最高的估值方式，我認為是比較適合的。

不過，本益比其實有盲區，因為本益比＝股價÷EPS，但是這個EPS是「過去四季的EPS」，然而我們都知道股價是反應未來，那我們用過去的EPS所算出來的本益比，來判斷現在的股價，真的適合嗎？

我舉個過去兩年持續去庫存的產業為例──自行車。

我們可以看到巨大（9921）在2022年Q1、Q2、Q3都保持著非常好的EPS表現，第三季EPS年增率甚至還高達56.89%，如果單看圖3.14我所框起來的數據，應該覺得公司的股價表現會不錯吧？

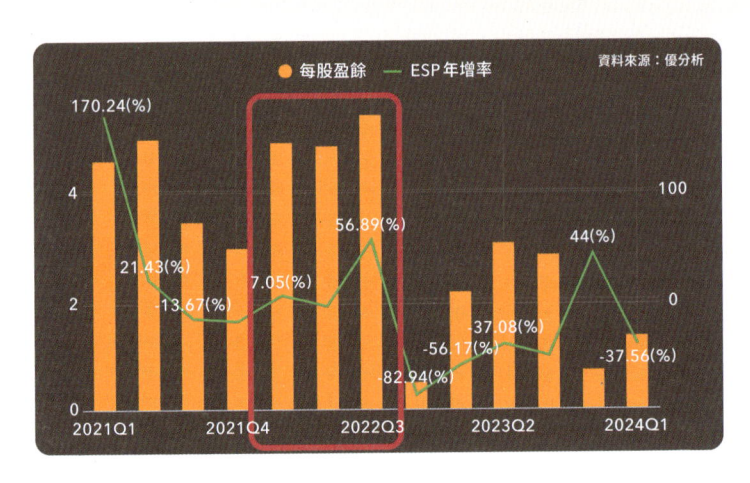

図3.14　巨大的EPS及年增率
圖片來源：優分析

我們再來看看股價，股價卻從2022年初的高點，一路下跌都不回頭！為什麼？

圖3.15　巨大的股價
圖片來源：優分析

因為在2022年初時，自行車下游的通路商已經出現嚴重滯銷的情況！

由於2020年、2021年的新冠肺炎疫情必須與人保持距離，再加上歐洲各國當時推動電動自行車的補助，使得自行車產業出現供不應求的情況，從2020年下半年至2021年底，通路商業績幾乎都是翻倍成長，再加上當時原料上漲、缺櫃等因素，通路商深怕搶不到貨，使得供應商有多少貨，通路商就吃多少，而且是加碼下單又下單，這就是所謂的overbooking。

然而2022年初時，面臨眾多問題：烏俄戰爭、高通膨、聯準會升息……等負面因素，終端需求不再如此暢旺，這時候下游通路商除了現有的高庫存之外，還有正在船上、組裝廠內的訂單，這些過多的庫存，就變成日後「去庫存」的對象。

這也是下游通路商明明在年初、第一季就已經出現滯銷的情況，但上游的自行車組裝廠第二季、第三季獲利仍然那麼好的原因，就是因為下游通路商overbooking的訂單。然而，下游通路商面臨高庫存、去庫存的問題，那他們還會跟上游組裝廠下訂嗎？一定不會。

既然不會的話，就可以預見未來上游組裝廠的訂單一定會很差，這也是巨大第四季EPS斷崖式下跌的原因，而從供

應鏈的下游反映到上游需要一些時間,這就是所謂的長鞭效應(Bullwhip effect)。

這也是巨大當時數據表現很好,股價卻不斷下跌的主要原因,就是因為市場已經預期未來EPS會衰退得非常嚴重,這也就是預估EPS的重要性。

該如何克服本益比的盲區?

透過預估EPS,可以推算出預估本益比(forward PE):

預估本益比＝股價÷預估EPS

這是本益比較為進階的應用,可以有效解決本益比盲區的問題,也是我認為投資時非常重要的數據。

這更是我在第12章提到「為什麼預估EPS那麼重要」的另外一個原因,當我們有了預估EPS時,除了能夠計算出公司獲利的成長率之外,還能夠解決「估值的盲區」,透過預估EPS,下一步便能算出預估本益比。

預估本益比比本益比更有前瞻性,因為這是用未來的獲利判斷現在股價的合理性,既然股價是反映未來,那用未來的獲利來衡量現在的股價,是不是更有說服力呢?所以也有

人稱之為「前瞻本益比」。

搭配歷史本益比區間

對於一家公司的估值,我會從公司過往的歷史本益比區間下手,扣除極端值後將高低點分成五等分,分為昂貴、偏貴、合理、偏低、低估。如果可以的話,我會再將偏貴、合理、偏低區間,再細分出合理上緣及合理下緣,讓估值的範圍更小且精準。

假如一家公司的歷史本益比區間為10到20倍,我就會分成如圖3.16:

區間	低估	偏低	合理下緣	合理	合理上緣	偏貴	昂貴
本益比	10	12.5	13.75	15	16.25	17.5	20

圖3.16　歷史本益比區間

為什麼要搭配歷史本益比區間呢?

因為每個產業或公司市場所給予的評價範圍都會不太一樣,絕對不是常見的本益比12倍就是便宜、本益比20倍就

是昂貴，因為有些公司本益比12倍反而偏貴、有些公司本益比20倍反而便宜，所以本益比絕對不能一概而論。

像是電子代工龍頭——鴻海（2317），在過去大部分的時間，市場所給予的評價就是本益比10倍左右，而台灣電梯前三大公司——崇友（4506），市場所給予的本益比評價卻是15倍左右。

這就是市場評價的差異性！

所以才要用該公司過去市場習慣給予的評價，作為估值的依據，才不會掉入本益比的另外一個盲區，誤以為本益比12到20倍適用於每家公司。

如果這家公司剛上市櫃不久，市場數據還不足以當作參考時，我們也可以退而求其次，參考同產業公司的歷史本益比區間，或許這樣不會比自家公司過去的數據來得準確，但至少是有理有據的判斷標準。

也就是說，本益比的參考依據有兩種：

一、公司自身過去的本益比
二、同產業的公司

得出目標價格與安全邊際

現在我有了預估EPS、預估本益比、歷史本益比區間，就可以藉此算出**目標價格＝預估EPS × 適當的本益比倍數**。

不過這邊還有一個問題：歷史本益比區間是一個大範圍，該如何給予相對準確的本益比倍數呢？要是一家K公司的預估EPS為10元，歷史本益比區間為10到20倍，那我的目標價不就是100到200之間嗎？這麼大的範圍是完全沒有參考價值的，所以必須想辦法讓這個範圍縮小。

這邊會牽涉到「成長率」，成長率越高的公司，市場是不是會更願意給予更高的評價呢？所以又會再度體現預估EPS的重要性，因為有了預估EPS，才能夠算出預估成長率，再以預估成長率去給予適當的本益比評價，進而推算出合理的目標價格，而不是像在菜市場一樣隨便喊價。

以預估成長率15%為例，我會以「合理」及「合理上緣」作為目標價格的依據，這樣子目標價格就是 10 × 15 到 10 × 16.25 ＝ 150 到 160.25這個區間，大多時候我會願意給到「合理上緣」，也就是160.25元。當然這並沒有一定，或許保守一點的人，可以只給「合理」的評價。

圖3.17整理平常我依照成長率給予的本益比評價供大家參考，但這沒有標準答案，需要多累積一些實戰經驗，才

比較好依照自己的投資方式或習慣去做調整。

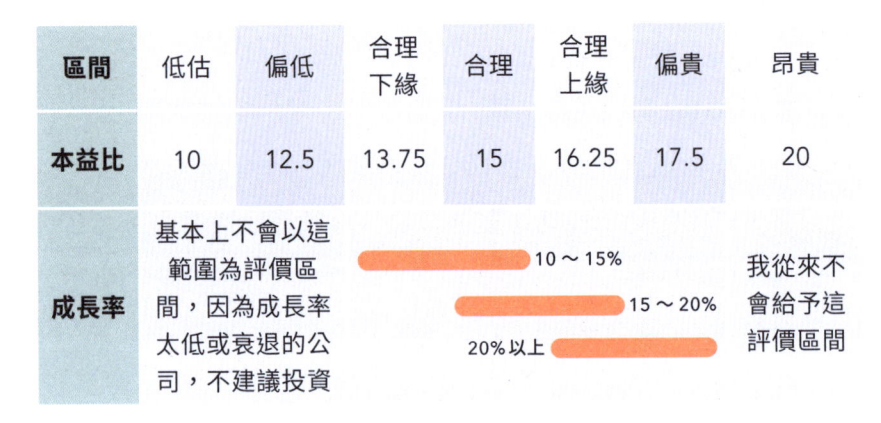

區間	低估	偏低	合理下緣	合理	合理上緣	偏貴	昂貴
本益比	10	12.5	13.75	15	16.25	17.5	20
成長率	基本上不會以這範圍為評價區間，因為成長率太低或衰退的公司，不建議投資		10～15% 15～20% 20%以上				我從來不會給予這評價區間

圖3.17　依照成長率給予的本益比評價

有了目標價格之後，我就可以透過目標價格跟現在的股價，算出最重要的安全邊際（也是潛在報酬）。

假設K公司目前的股價為120元，我算出來公司合理的目標價格為160元，這代表公司現在的股價存在（160－120）÷120＝33.3%的安全邊際，有足夠的安全邊際才能夠降低投資風險，並增加我們的容錯率，更是我們有機會獲得的潛在報酬。

我們要思考的是：一家公司應該要有多少%以上的安全邊際，才值得投資呢？

先來說說我的做法，我習慣在預估EPS的時候，預估

得保守一點，像是可能營收成長預估低一點、毛利率預估低一點、費用預估高一點⋯⋯等等，這會讓我的預估EPS比較低，後續也會影響到其他數據。

預估EPS低一點的話，也會讓預估成長率比較低，可能從成長率20%變成15%而已，這樣也會影響到本益比評價（區間可能不同）及目標價格（較低的預估EPS及本益比評價）。

這樣做的目的是，當我已經用比較保守的方式去預估，安全邊際仍有30%以上的空間時，這時候的股價通常會讓我擁有更大的容錯空間，以及更大的潛在報酬空間。追求獲利的前提是風險至上，因為當我這樣做時，投資的機會一定會比較少，但我認知的投資就是在比誰比較穩定，而這也是為什麼我設定的安全邊際只有30%，但實際上我所獲得的報酬率卻都遠遠超過30%。

關於本益比區間的提醒

最後，關於本益比區間有兩部分要提醒一下。

基本上我不會以「低估」、「偏低」這兩個評價區間，作為目標價格的依據，因為這代表公司獲利成長率太低或是衰退，可以想想，我合理下緣評價的成長率至少都要有10%了，那「低估」、「偏低」的成長率會有多高呢？對我來說，

成長率太低或是衰退的公司,是我絕對不願意投資的公司。

再來是「昂貴」區間,我從來不會給予這麼高的評價,是為了避免過於樂觀,因為要是給予的評價太高,目標價格也會跟著過高,有可能導致現在的股價並不便宜,但由於目標價格過高,讓現在的股價距離目標價格仍然有30%以上的安全邊際。

當我已經買在不便宜的股價時,就是讓自己曝露在更大的風險當中,更何況評價這種事情,沒有人能夠說得準,連國內外法人機構都不會保證評價的準確度,更不用說我們一般小散戶了。很多時候,那麼高的評價,需要一些天時、地利、人和才有辦法達到,既然無法有個量化的依據,就不應該把我們的錢拿去跟市場「賭」。

14 價值陷阱的風險

本益比是判斷股票便宜或昂貴的重要指標之一,毋庸置疑是個非常好用的估值方式。但你有沒有想過,為什麼有些股票的本益比看似非常便宜,卻從未展現出上漲的潛力或機會?這背後很有可能隱藏著一個危險的陷阱——價值陷阱。

價值投資人經常以「便宜買入,昂貴賣出」作為投資圭臬,而「便宜買入」很有可能反而讓我們落入價值陷阱。

所謂價值陷阱,指的是價值投資人透過本益比(估值指標)認為公司股價被低估而買入股票,但實際情況是,公司未來的獲利可能持續惡化,導致股價進一步下跌甚至崩盤,使得投資人陷入虧損的泥沼之中。

為什麼低本益比可能是陷阱?因為本益比的分母是EPS,而且是「過去四季」的EPS。當一家公司的本益比看似便宜時,很有可能是因為股價已經先行反映未來EPS可能出現的嚴重下滑,再加上EPS的數據至少是以季為單位,才會造成股價先行反映、EPS後公布的情況,這種情況使得目

前看起來的低本益比缺乏意義。

例如，在科技產業迅速迭代的過程中，某些傳統電子公司曾有輝煌的過去，當產業結構轉型或技術革新導致其產品失去競爭力時，公司盈餘便會迅速萎縮，此時即使股價下跌導致本益比看似很低，也不代表是好的買入時機，可能意味著該公司正處於產業周期的下降階段，甚至可能無法扭轉局勢。

我以曾經為台灣之光的宏達電（2498）為例，相信大家就能體會到價值陷阱的危險性。

2011年受惠於智慧型手機及3G行動網路的普及，HTC的智慧型手機全球市占率曾高達10.7%，作為當時全球智慧型手機的龍頭，宏達電的股價曾經高達1,300元。

但因為錯估了自身的品牌價值，在硬體性價比及服務都不占優勢、以及眾多錯誤的商業決策下，消費者不斷被推向其他品牌，使得公司獲利的高峰僅維持一年。

所以，如果在2011年第四季股價約500元的時候買入宏達電，以當時過去四季的EPS 79.19元來看的話，本益比僅有6.3倍，一定會覺得撿到超級大便宜。殊不知股價從高點1,300元腰斬，就是在反映即將大衰退的未來，2011年EPS 73.32元、2012年EPS 20.21元、2013年EPS -1.6元，短短不到三年的時間，2013年第四季宏達電的股價就只剩下歷史高點1,300元的一成──130元了。

所以，在當時股價下跌至500元的時候買入，真的是在撿便宜嗎？公司的股價從此沒有再漲到500元過，這就是價值投資最大的風險——價值陷阱，讓我們誤以為撿到便宜，這通常會讓我們承受非常大的虧損。

因此，避免價值陷阱最關鍵的是，了解本益比降低背後的故事，是短期事件（如景氣循環或偶發事件）所致，還是公司競爭力持續流失，導致獲利無法恢復？如果獲利萎縮是結構性的，代表本益比再低，也不值得我們投資。尤其是夕陽產業，即便股價再便宜、本益比再低，也難以吸引市場資金，因為投資人普遍對其未來失去信心，市場願意給予的估值始終有限，甚至隨著時間推移不斷壓低。

此外，還要從更廣泛的角度分析公司未來的潛力與風險，例如公司所在產業未來幾年的年複合成長率；市場規模是正在擴大還是逐漸萎縮；從公司市占率看出企業在產業內的競爭地位與競爭優勢；公司營收的成長是來自可持續的商業模式、抑或短期的市場波動與偶發事件……？

低本益比並非價值投資的萬靈丹，它只是投資人篩選股票的第一步。況且股市投資從來不是簡單的數字遊戲，每一個財務指標背後都有更深層的意涵，精明的投資人不僅看本益比，更懂得探究低本益比背後的真實原因，避免落入看似價值、實則傷害的陷阱。

下次當你看到一支本益比很低的股票時，不妨冷靜地多問自己一句：「它究竟是真正被低估的潛力股，還是誘人卻危機四伏的價值陷阱？」

真正的投資，需要對產業趨勢、公司獲利能力以及市場變化有更深入的理解，這樣的分析方式稱之為「質化分析」。

質化分析

質化分析是對一家公司的非財務面因素進行主觀判斷，藉以判斷該公司長期競爭力、品牌影響力、產業趨勢等潛在價值。以下幾種就是質化分析中經常遇到的課題：

商業模式

- 公司賺錢的方式清不清楚？
- 有穩定現金流來源嗎？
- 是否過度依賴單一產品或客戶？

像蘋果的產品生態系，就是一種高度整合的商業模式。

產業趨勢

- 這個產業是成長型還是夕陽產業？
- 技術是否快速變化？

- 有沒有進入門檻？
- 法規或國際局勢是否有影響？

像 AI 就是現在熱門且具結構性成長的趨勢。

品牌價值與護城河

- 品牌是否有認知度？
- 用戶是否有黏著度？
- 是否具備獨特的競爭優勢（例如：高轉換成本、專利、特許執照、技術、網路效應、規模優勢、成本優勢）？

Google 搜尋引擎的市占率約 90%，就是一種幾乎無人能撼動的護城河（規模優勢）；高度整合的生態系，也會降低消費者轉換系統的意願（高轉換成本）。

營運策略與布局

- 公司在全球的布局是否有前瞻性？
- 新產品開發方向是否符合趨勢？
- 能否應對突發事件（例如貿易戰）？

許多公司在地緣政治壓力下的「分散生產地」策略，就是質化分析中的重要觀察。

「投資不是買股票，而是買下公司的一部分。」這句經

典名言，相信許多投資人都耳熟能詳。但你真正理解它背後的意涵嗎？這正是質化分析存在的意義。

質化分析不會直接告訴你：「這支股票該買還是賣？」因為這種決策從來沒有簡單的答案。然而，它能讓你真正了解自己購買的是什麼，這家公司是否具有核心競爭力？未來發展是否具備足夠的潛力？

所以它是「信心的來源」，透過這樣深入的分析，你將清楚知道手中的股票是不是一家真正有價值、能走得久遠的公司。當市場劇烈波動時，正是這樣的理解，能給予你足夠的信心與勇氣，無論是堅持持股或果斷離場，都有了更扎實的判斷基礎。

這跟著重數據的量化分析很不一樣，量化分析是將質化分析中的部分資訊轉換成數據，並透過其他各式各樣的量化數據，計算出適合我們進出場的時機點。

如果說**質化分析是「看清公司本質」，量化分析則是「掌握投資時機」**。因為再好的公司，過高的股價都不適合投資，也就是說質化分析與量化分析是相輔相成、缺一不可，這樣才能在價值投資的路上穩健前行。

投資之道，並非追求短期獲利，而是透過理性的分析，做出具備長期視野與紀律的決策。質化分析與量化分析的結合，如同船的雙槳一同協力向前，為自己的投資增加更多信心與穩定性，才能真正讓投資人駛向財富自由的彼岸。

PART IV

風控筆記：
如何透視公司本質

15 ▶▶ 如何分析財務報表？

　　如果說獲利是公司股價上漲的推手，那財務就是公司營運的根基。試想一下，一家年年賺錢的公司，如果財務控管不佳，仍然有可能面臨資金周轉不靈的問題，為什麼呢？

　　因為公司之間交易的付款條件，通常不像我們日常生活中那麼簡單，像在超商買東西是一手交錢、一手交貨，但公司之間卻不是這樣，常見的付款條件則是月結30、60甚至90天不等，也就是說公司交貨給客戶，客戶可能兩、三個月後才會付款給公司，那還沒有收到錢的這兩、三個月，公司該怎麼辦？不可能都不營運對吧？薪資要繼續發放、原物料要持續進貨，還有辦公室等雜七雜八的費用得支出。

　　這意味著，即便帳面上的獲利很可觀，但如果長期資金流出大於流入，公司仍然可能陷入資金短缺、周轉不靈的窘境，也就是說，公司營運最重要的就是「現金流」。

　　獲利是公司的裡子，現金流才是真正的底子。公司真正的營運核心，在於對資金的掌握與管理能力，而現金流便成

了衡量公司經營風險最重要的一項指標。

財務穩定如同航行的船隻,必須隨時確認船艙的水位是否充足,以保證順利度過每一波風浪。公司經營也是如此,唯有良好的現金流,才能真正保障企業的長久與穩定。

自由現金流的重要性與盲點

觀察公司現金流有兩個指標:營運現金流與自由現金流。

- **營運現金流**:指公司「從事本業營運活動所產生的現金流」,用於分析公司從本業中實際收到多少現金。
- **自由現金流**:營運現金流－資本支出。

切記是資本支出,而非投資現金流,有不少人會以為是投資現金流。資本支出表示公司為了擴張本業所做的投資。因此,自由現金流比營運現金流更能夠衡量公司在本業是否有現金流入,還是把賺到的錢都運用在資本支出。

通常在觀察自由現金流時,會以「近五年內自由現金流最少要有三年流入」為原則,才能代表公司對於本業所做的擴張,能夠有效地轉換成實際的營運現金;反之,要是公司

長期賺的錢還不夠支付資本支出的話，很大機率代表這產業或公司不但非常燒錢，也難以建立明顯的護城河，才需要不斷透過資本支出來維持營運所需。

像是四大慘業之一的面板產業——群創（3481）。圖4.1可以明顯看出，公司每年需要不斷投入大量的資本支出，卻沒辦法有效地提高營運現金流，使得自由現金流長年流出，這樣子的公司就不適合投資。

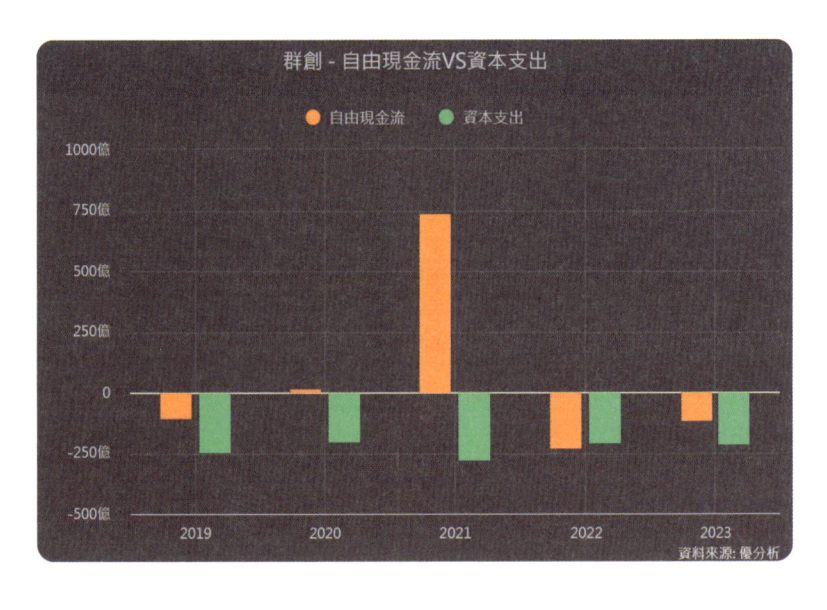

圖4.1　群創的自由現金流與資本支出
圖片來源：優分析

不過，自由現金流有個盲點，當公司為了爭取更多訂單，而有了比較大筆金額的資本支出時，確實有可能讓近五年內的自由現金流，有三年為負值。資本支出是公司為了提高營收所做的投資行為，不外乎是產能滿了或看到未來很大的商機，然而擴產不是一時半刻就可以完成的，從購置土地、興建廠房、建置產線……等流程，通常會需要二到三年的時間，也就是說有可能這二、三年間的資本支出，會讓公司的自由現金流為負值。

那麼，要是因為資本支出比較高，導致自由現金流為負值，這樣就被我們篩掉的績優公司不可惜嗎？所以我們要做的是：了解公司資本支出背後的含義，或是判斷資本支出是常態性還是一次性的。要是常態性的高資本支出，很有可能屬於資本密集產業，每年賺到的錢可能都拿去資本支出了，自然也配發不出太好的股利，獲利也不見得能夠穩定成長，所承擔的風險也會相對高。

以我寫過個股文章的鼎基（6585）為例，公司從2019到2023年這五年間，就有三年因為資本支出比較大的關係，自由現金流為負值，但是詳細了解原因後就會知道，公司轉型有成且爭取到國際大客戶訂單，因此一次性投入較高的資本支出擴產，才會導致這五年間自由現金流有三年為負值，見圖4.2。

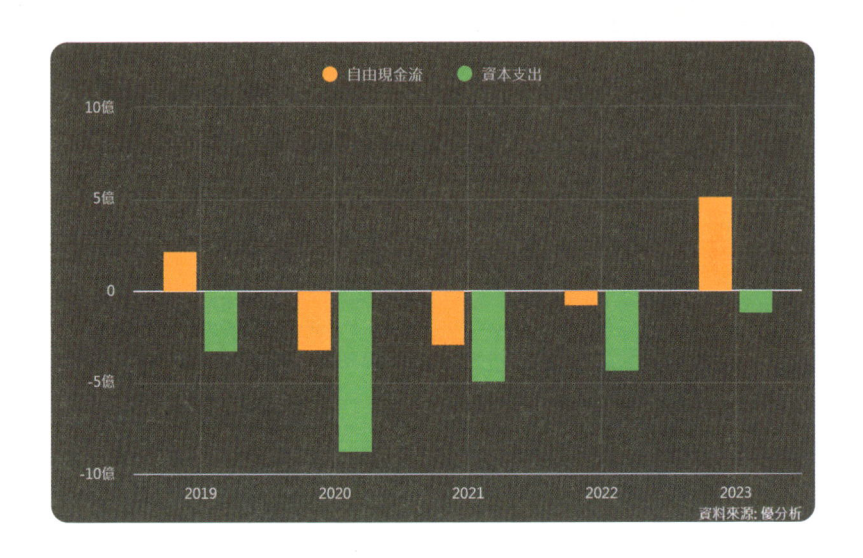

圖4.2　鼎基的自由現金流與資本支出
圖片來源：優分析

　　公司的資本支出也確實得到了不小的回報，從2019年到2023年間EPS的年複合成長率高達71%，見圖4.3。

　　這就是我說的盲點，千萬別單純看近五年自由現金流是否有三年為正值，應該是去了解導致自由現金流為負值的原因，再深入了解資本支出較高的原因及含義，才能避免盲目看量化指標投資。

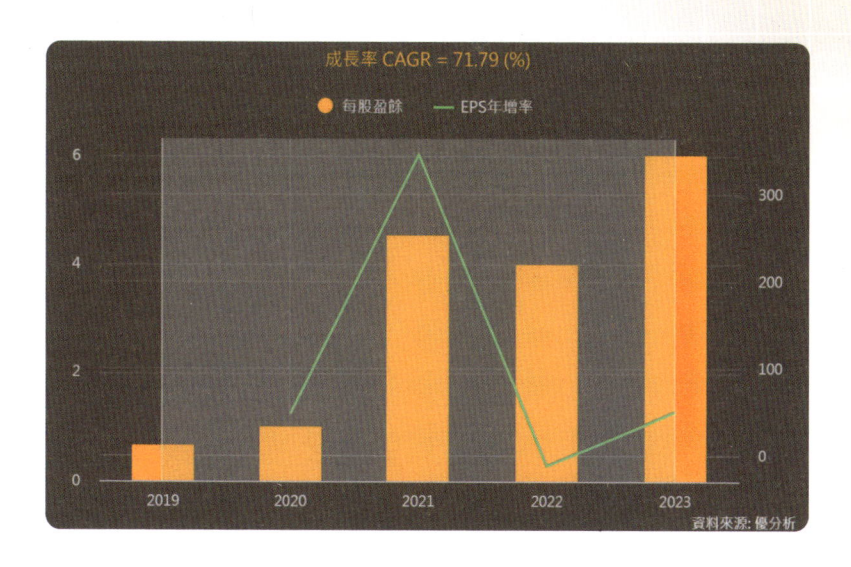

圖4.3　鼎基年複合成長率
圖片來源：優分析

用存貨細項做出前瞻判斷

除了現金流之外，另外一個財報的重點我會放在存貨上。大多數公司都是透過販售存貨來轉化為營收，藉由對於存貨的觀察，或許能對營收做出較具有前瞻性的判斷。然而，存貨絕對不是單純看總金額，而是要去找後面的附註（圖4.4藍框）！

代碼	資產	113年12月31日 金額	%
	流動資產		
1100	現金及約當現金（附註四及六）	$ 13,998,819	18
1110	透過損益按公允價值衡量之金融資產－流動（附註四及七）	50	-
1136	按攤銷後成本衡量之金融資產－流動（附註四、九及三三）	220,139	-
1150	應收票據（附註四、十、二四）	109,018	-
1170	應收帳款淨額（附註四、十、二四、三二）	10,694,425	14
1200	其他應收款（附註十及三二）	165,310	-
1310	存　貨（附註四及十一）	26,290,073	34
1470	其他流動資產（附註四、十四及二四）	2,612,266	3
11XX	流動資產總計	54,090,100	69

圖4.4　存貨觀察重點
來源：巨大財報

　　存貨又可以細分幾個項目「原物料」、「在製品」、「製成品」，而這個資訊只有在附註中才會詳細揭露，而「原物料」、「製成品」的增減，背後所蘊含的意義截然不同，見圖4.5。

十一、存　　貨

	113年12月31日	112年12月31日
製成品及商品	$ 19,220,121	$ 25,268,850
在 製 品	323,266	279,294
原 物 料	6,746,686	9,212,043
	$ 26,290,073	$ 34,760,187

圖4.5　存貨細目
來源：巨大財報

　　然而，在觀察存貨時，我們真正要關注的並不是單季的金額大小，而是它的變化趨勢，什麼意思呢？

就像圖4.6，我把近兩年每季的存貨金額整理出來後，可以很明顯看出一個趨勢——存貨正持續下降中，這背後可能反映的是需求疲弱、公司主動降低庫存水位，或者整體產業仍處於修正期。因此，我可以初步判斷，公司目前的營運仍處於逆風階段。

單一數據或許沒有意義，但趨勢線往往能說明真正的方向，這就是我們分析財報時最該留意的地方。

所以我極度建議大家多加利用EXCEL，將一些數據統整起來，再彙整成圖表，這對於我們的投資會有很大的幫助，當然現在已經有許多工具可以協助我們做這些事情，只不過通常會需要一些費用。

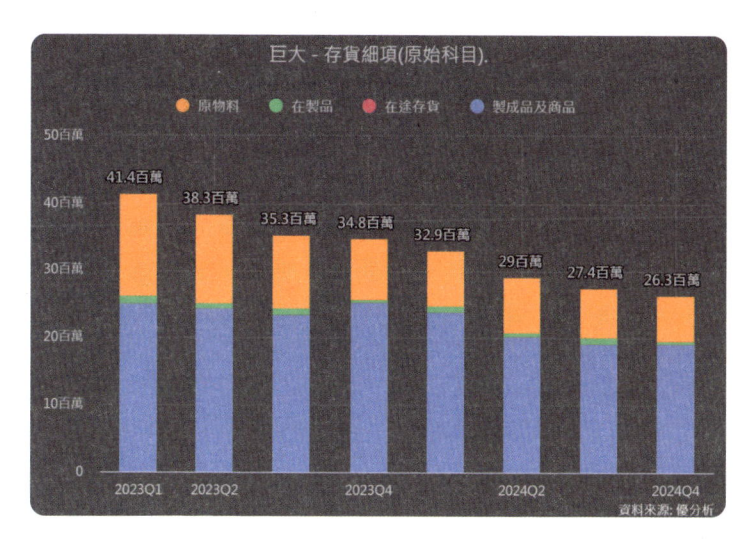

圖4.6　看出存貨的趨勢
圖片來源：優分析

首先來看原物料（圖4.7）。原物料金額持續減少可能代表什麼意思？

我們先來思考原物料的用途，它是用來生產製成品所必需的品項，也就是說，公司採購原物料是為了投入生產，並滿足後續製成品的需求。所以原物料減少，是不是意味著公司對於製成品的需求越來越低呢？既然對於製成品的需求越來越低，也許反映的是公司的訂單動能持續疲軟，營收自然也不會有太好的表現！

反之，若公司持續增加原物料的金額，很有可能代表公司預期製成品的需求越來越高、出貨量成長、訂單動能強勁，營收有可能會有不錯的表現。

原物料的變化，不只是存貨裡的一個項目，而是一個觀察「需求前景」的窗口。讀懂這些細節，就能比市場更早一步掌握關鍵訊號！

巨大 - 存貨細項(原始科目).

● 原物料　　● 在製品　　● 在途存貨　　● 製成品及商品

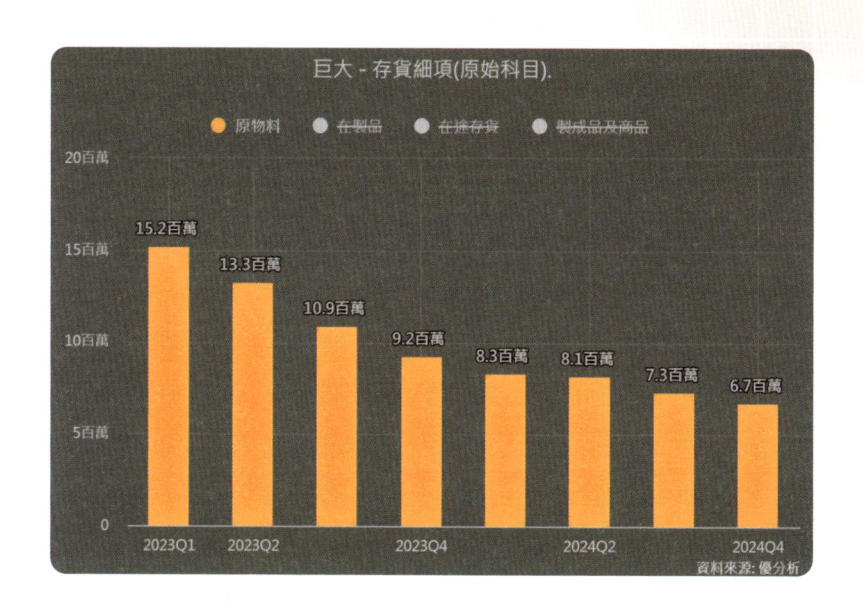

季度	金額
2023Q1	15.2百萬
2023Q2	13.3百萬
2023Q3	10.9百萬
2023Q4	9.2百萬
2024Q1	8.3百萬
2024Q2	8.1百萬
2024Q3	7.3百萬
2024Q4	6.7百萬

資料來源: 優分析

圖4.7　原物料變化
圖片來源：優分析

　　接下來，我們來看「製成品」的變化（圖4.8），這個項目通常需要搭配營收一起解讀，才能看出更準確的含義。

當製成品下降時：
若營收成長，表示銷貨速度很快，存貨持續轉化為營收
▶▶ 偏正向訊號
若營收衰退，表示持續消化庫存中，訂單還沒明顯回溫
▶▶ 偏負面訊號

當製成品上升時：

若營收成長，表示公司對訂單展望樂觀，積極備貨以因應未來需求 ▶▶ 偏正向訊號

若營收衰退，表示產品滯銷、市場需求不如預期，公司可能過度生產備貨 ▶▶ 偏負面訊號

簡單來說，製成品的變化本身沒有絕對意義，關鍵在於它與營收的交叉解讀。這種組合觀察，才能更接近真實的營運狀況。

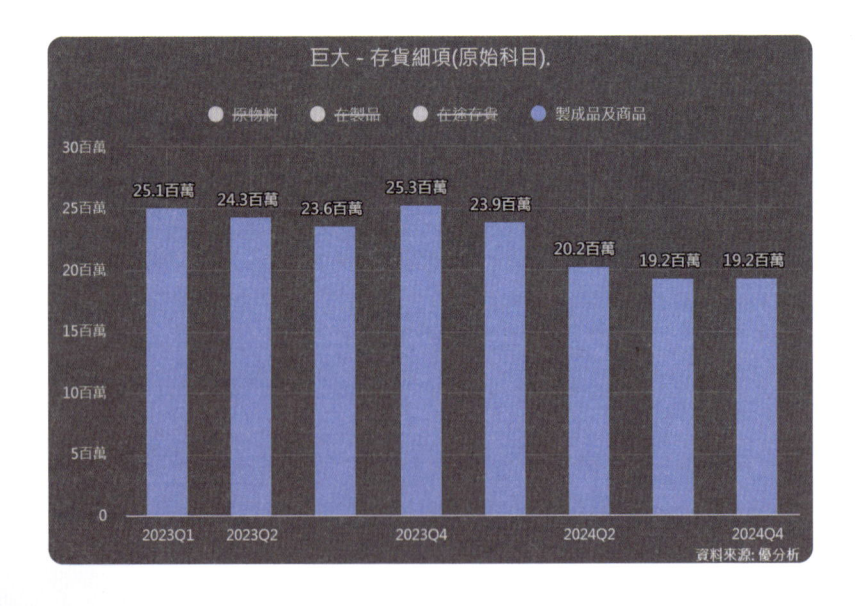

圖4.8　製成品變化
圖片來源：優分析

如果對於原物料跟製成品的變化仍感到難以判斷時，那麼可以退一步，透過「存貨周轉天數」，來獲得比較粗略但仍具有參考價值的方向。

存貨周轉天數(季)＝（存貨 ÷ 營業成本）× 90

這表示目前的存貨，需要多少天才能夠銷售完畢，某種程度上，它可以視為衡量公司訂單狀況及庫存去化速度的一個綜合間接指標。

我知道公式中的存貨大多會使用「平均存貨」，也就是（期末存貨＋期初存貨）÷2 來計算，不過後來我受到資誠聯合會計師事務所張明輝所長的啟發，認為「當季存貨」更能反映當下的營運狀況，因此我實務上也以當季數字為主。

需要注意的是，這個指標也是要觀察「趨勢的變化」，而非天數，因為每家公司存貨結構、產業特性、控管策略都不同，所以沒有絕對的標準參考值。最有效的做法，是比較同一家公司不同時間的周轉天數，判斷它是處於去化順暢、或是出現庫存堆積的狀況。

不過，我必須強調一點，所有關於「存貨」的數據與指標，都無法精準對應到營收的實際金額與認列時間。也就是說，這些數據頂多只能提供我們一個合理的推測依據，幫助

理解公司營運的可能方向，趨避一些可能的潛在風險，但不能當作直接預測營收的工具。

畢竟，從原物料進貨、製成品生產，到實際出貨與認列營收，當中牽涉到的管理層決策、流程與時間差，每家公司都有所不同。我們觀察這些數據的意義，是為了在資訊有限的情況下，建立更完整的判斷框架，而不是尋找絕對答案。所以，這些數據更像是「驗證思考」的素材，而非「預測未來」的模型。

16 ▶▶ 分散投資與持股配置

「不要把所有雞蛋放在同一個籃子裡」，這句老話雖然老套，卻道出投資中極為重要的風險控管原則。

除了能從財務報表中趨避一些潛在風險之外，我們也能夠透過適時的分散投資，來進一步降低不可預測的風險。投資組合要有合理的配置，才能避免出現滿盤皆輸的結果。

雖然集中投資的報酬潛力更高，但風險也更高；分散投資能控制風險，但會稀釋報酬。兩者沒有絕對的對錯，取決於個人風格與風險承受能力，而我選擇後者。就如我在第05章中提過，不虧損才是長期獲利的基礎。穩健的風險控管，不只是對資金的保護，更是長期穩定獲利的基石，而這種穩紮穩打的心態，正是讓投資人贏在長跑的關鍵，也正是為什麼分散投資會成為投資界主流建議的原因。

當然，集中投資也有吸引人的地方，它可以產生超額報酬（Alpha），但你要有足夠的認知與判斷力，才能承擔集中風險。你可能發現了某幾家未來極具潛力的公司，經過縝密

研究與反覆權衡後，選擇集中資金、耐心等待，只買入一到三檔股票，耐心等待未來一到三年的成長。

但問題在於：市場不會總是立刻驗證你的眼光。

幾個月、半年過去了，假如你的持股不漲也不跌，甚至略為下修，這時候你的LINE群、投資社團、新聞媒體，開始熱烈討論其他飆股：「某檔AI概念股一周漲了30%！」「某家公司宣布機器人計畫，連續兩天漲停鎖死。」朋友跟你炫耀：「我昨天才追買某股票，今天就賺快10%了！」

你看著自己那幾檔持股，心裡可能會開始浮現一連串疑問：「我是不是錯過了這波行情？」「當初的產業判斷真的準嗎？」「其他人都在賺錢，我是不是太保守了？」你甚至會開始懷疑：「我是不是買得太早了？」「我還要不要繼續等？」「該不該砍掉，轉向別的熱門股？」

我認為，這正是投資最難的時刻！這不是分析的問題，而是紀律與信念的考驗。你所需要面對的，不只是市場價格的波動，而是來自外部資訊噪音、同儕壓力、FOMO情緒的拉扯。

集中投資的前提是「你對所持有的公司有高度的確信」，但「確信」這件事，在孤獨與焦慮的環境下，其實非常不容易堅守。

分散投資不是膽小，而是策略

　　巴菲特曾說過：「分散是給那些不懂自己在做什麼的人」，而霍華‧馬克斯補了一句：「問題是，大多數人其實沒那麼懂自己在做什麼。」這並不是否定每個投資人的能力，而是提醒我們：在資訊不對等、市場充滿雜訊的現實中，你以為的確定，其實只是暫時的自信。

　　因此，分散投資不是因為不夠聰明，而是因為足夠謙遜，是一種「面對不確定性時，保護自己心態」的設計。

　　所以，回到前面那個問題，當你看到自己的股票在原地踏步，而市場上其他股票接連上漲時，你真的有辦法心如止水、持續堅持自己當初的分析與判斷嗎？

　　有的產業走快、有的產業慢慢醞釀；有的股票瞬間爆發、有的股票需要時間驗證。但每個好公司，都會走出自己的節奏。

　　分散投資的好處就是：你不會因為單一判斷的失誤而全盤錯過，甚至就算最後驗證當初真的看錯了，也因為分散投資、其他布局正確，依然能參與市場成長，不會錯過其他的行情！我們無法預測每次的風向，但可以透過分散投資，讓自己不會被單一選擇所擊垮。

　　總結來說：

集中投資是放大獲利的方式，需要對公司本質與產業趨勢有極高的認知與確信，還要能耐得住孤獨與波動。

　　分散投資是對「不確定性」的一種防禦機制，是降低錯誤代價的保險。如果你知道自己不是天才，那就應該分散投資。

　　無論選擇哪一種方式，重點都在於清楚知道自己在做什麼、為什麼這麼做，以及能不能承受這個決定的代價。

　　投資不是一場比誰跑得快的比賽，而是一場關於「耐力與認知」的長跑。集中持股，讓你賺得快；分散投資，讓你走得遠。而你的任務是找到一種方式，能讓你在市場風浪中穩住情緒、堅持信念。因為最終真正贏得這場投資賽局的，不是最聰明的人，而是能夠持續活下去的人。

在分散和集中之間取得平衡

　　我先分享我自己的做法。

　　我會將所有資金分配至五到十家精挑細選的公司，並依照對產業的看好程度與持有時間的不同，進一步將這些持股分成「核心持股」與「衛星持股」，核心持股占比10%到20%、衛星持股占比5%到15%。整體原則是：單一持股占整體總資金不超過20%，讓整體資金不會受到單一持股影

響過大，即便看錯一檔股票，也不至於讓整體組合重傷，維持風險在可控範圍。

核心持股： 主要是長期看好的產業龍頭公司，例如台積電（2330）、台達電（2308），或美股的 Magnificent 7（蘋果、輝達、微軟、亞馬遜、特斯拉、Google 母公司 Alphabet，以及 Facebook 母公司 Meta Platforms），這些公司具有高度護城河與產業穩定性。

衛星持股： 偏中小型、中期有高成長潛力的公司，通常是看好近一、兩年高成長、具有營運爆發力的公司。

10-20% 長期看好的產業龍頭公司
5-15% 中小型、中期有高成長潛力的公司

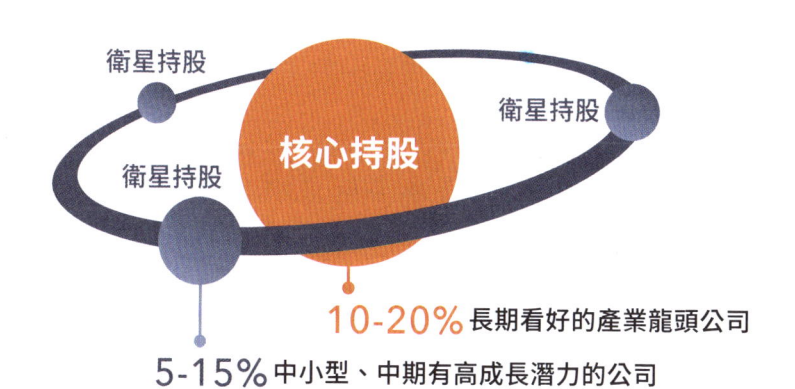

圖4.9　核心持股與衛星持股

16　分散投資與持股配置

雖然我認同分散投資的重要性，但我並不建議過度分散，因為如果你買入二十甚至三十家公司，你真的有辦法對這些公司都深入了解嗎？能夠每季持續追蹤這些公司的季報嗎？或者這些公司的法說會都一一觀看嗎？甚至持續跟這些公司的發言人對話嗎？與公司發言人對話，能夠讓我們掌握到的資訊，遠多於市場上流通的資訊，這是創造資訊優勢的關鍵。那麼，過多的持股是不是容易顧此失彼呢？最後還可能變成「看起來很忙，其實並沒有深入掌握」的投資人。

因此，我認為持股維持在五到十家公司，是兼具分散和集中投資優勢的中間值。不僅保有足夠的分散效果，降低單一風險，同時也能讓你有能力對每家公司保持深度研究與追蹤，進而做出具前瞻性的投資決策。

持股可以如何配置？

如同我前面提到的，我建議的持股上限為十家公司，不過現在我已經將持股上限從十家增加至十五家了，會有這樣的調整，其實來自於幾個層面的考量：

首先，隨著我研究的公司越來越多，發現了更多具有潛力的投資標的，若仍嚴格限制在十家公司內，反而可能錯失一些好的投資機會。畢竟，當你的研究廣度提升，視野自然

會打開，投資地圖也會擴大。

其次，資金規模的成長也讓我有能力將資金配置到更多公司身上，而不是被迫集中於少數幾檔持股。這樣的彈性，不僅讓投資策略更具延展性，也能接觸到更多不同的產業成長曲線。

因為我在做投資決策時，會刻意區分產業，單一產業最多不會持股超過兩家公司。試想一下，如果我的投資組合中有十家公司，而它們全部都是AI相關產業，那麼雖然表面上看起來分散持股，實際上卻是過度集中於AI產業。這樣一來，整體資金依然高度綁定在單一產業，這與只重押一家公司，其實風險性質相差無幾！

因此，我會透過跨產業的投資組合來配置持股，讓整體投資組合在不同的經濟循環與產業波動中，具備更高的彈性與抗震性。

第三，經歷過川普宣布對多國課徵對等關稅，導致全球股市大跌後，讓我重新思考區分「外銷」與「內需」公司的重要性，我意識到：外銷與內需的分布，其實也是持股配置中的一環。

外銷的市場規模比較大，潛在成長的空間也比較大，這也是多數投資人追求報酬時的首選方向；但相對地，外銷公司也更容易受到全球政策、匯率、地緣政治的波動影響。

而內需公司雖然成長性相對保守，市場規模有限，但卻具備較高的防禦性與穩定性，特別是在資金部位逐漸擴大時，配置部分內需股，反而能在風險來臨時起到保護資產的作用。

換句話說，當投資組合資金越來越大時，成長與穩健並重的持股配置就更顯重要。**外銷帶來的是爆發力，內需帶來的是穩定感**，而我們要做的，就是在兩者之間找到平衡。持股配置的目的，不是追求絕對報酬最大化，而是讓你在面對各種市場情境時，始終保有行動的空間與心理的穩定。

分散投資與持股配置的框架

第一層：橫向分散（公司數量的擴展）

適度增加持股數量，在自己能深入追蹤與理解的範圍內，擴大投資組合的廣度，以降低單一個股對整體資產的影響。

第二層：產業權重控制（主題風險的管理）

避免過度集中於單一產業，透過跨產業配置來分散結構性風險，確保當某個產業面臨逆風時，其他產業仍能提供平衡支撐。

第三層：價值屬性分配（外銷 vs. 內需的攻守平衡）

在追求成長的同時，也納入穩健配置。外銷股提供長期成長潛力，內需股則能在市場波動時發揮防禦功能，形成攻守兼備的組合。

這三層架構是可以根據市場環境與資金狀況靈活調整的投資框架，懂得風險從哪裡來，才有能力為未來的回報保留空間與彈性。

價值屬性分配
（外銷 vs. 內需的攻守平衡）

產業權重控制
（主題風險的管理）

橫向分散
（公司數量的擴展）

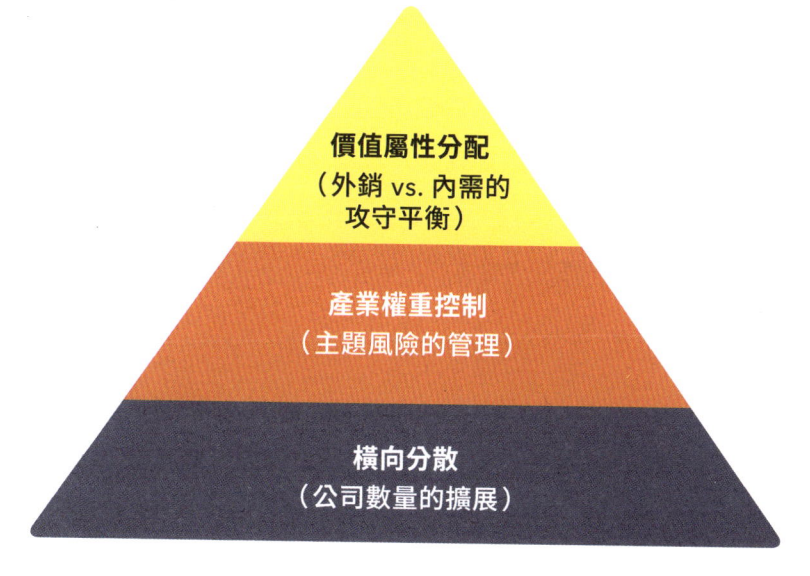

圖4.10　分散投資與持股配置的框架

17　投資人的心理陷阱與避免方式

　　價值投資的本質,其實就是那句經典的話「用低於價值的價格,買入一家好公司」。

　　為了做到這件事,我們必須投入大量時間與精力,去研究一家公司、了解它的商業模式、產業結構、競爭優勢、財務狀況,甚至管理團隊。因此,價值投資人通常會比多數投資人,更深入地掌握公司資訊,對公司有更全面的認識。

　　這聽起來是個優點,沒錯!但有趣的是,這個優點,有時卻會悄悄轉變成一種缺點,甚至讓我們掉入無形的心理陷阱中。

　　試想一下:當我們已經花費大量時間,將公司從裡到外研究透徹後,會不會不自覺地冒出這些念頭:

　　「我已經這麼了解公司了,我的判斷應該不會錯。」

　　「我比大部分的人懂這家公司,所以市場終究會證明我是對的。」

　　這聽起來很合理,但這其實是一種錯覺。因為市場從來

不會因為「我們很努力研究」，就按照我們的劇本走，更殘酷的是：越是花費心力，我們越難接受「也許我錯了」的可能性。

達客效應：過度相信自己的研究

價值投資人很容易掉入的第一個心理陷阱，就是「達克效應」，也就是對自身能力過度自信。這會讓我們低估未來的變數，忽視新的負面資訊，甚至拒絕承認當初的假設基礎已經改變。

久而久之，我們可能從一個謙虛求真的研究者，慢慢變成「信仰者」，緊抱著股票不放，只因為「我當初做過功課」。

過去我也曾經犯下過度自信的錯誤，真切體會過這個陷阱的威力。

2021年疫情期間，當時全球陷入居家隔離、遠距工作的浪潮，使得筆電的需求遠遠大於供給，我注意到做筆電觸控IC的義隆（2458），受惠於筆電需求大增，獲利節節攀升。再加上我過度自信地認定這波需求不只是短期效應，而是人類生活方式的結構性改變，遠距工作可能會成為常態，認為即使疫情過後，筆電的需求仍然可以維持或成長。

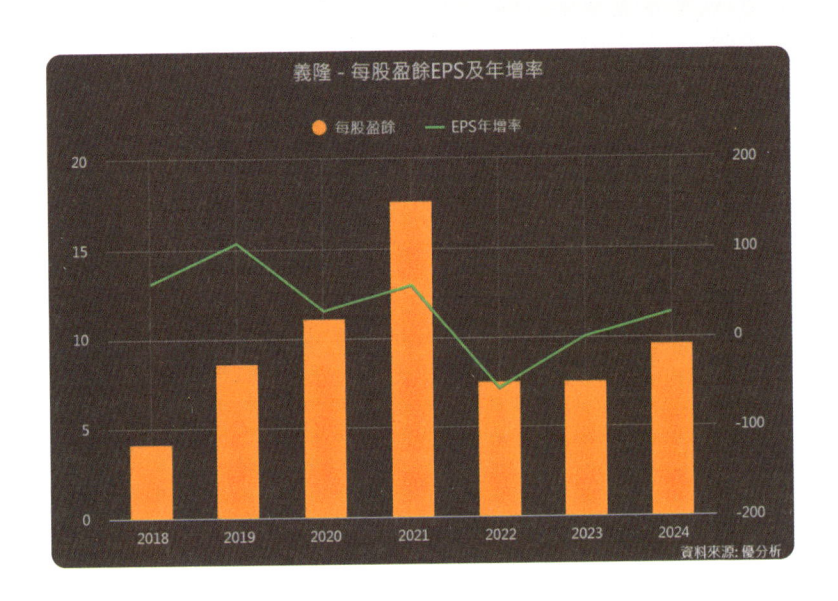

圖4.11　義隆EPS及年增率
圖片來源：優分析

　　因此，在義隆成功賺到一波獲利後，我更加篤定自己的判斷，進一步布局筆電鋰電池龍頭新普（6121）。

　　那時候，其實市場已經開始出現「筆電需求降溫」的聲音，但我卻選擇性忽略了這些聲音、一意孤行堅持自己原本的想法，因為我相信：「我已經做過功課、研究得這麼透徹，我的判斷不會錯！」

　　結果呢？市場證明，我錯了！

　　雖然最後我趁著反彈時出清了持股，避開了後續約

30%跌幅的虧損，但如果當時沒有適時反省與修正，結果可能會更慘。這段經驗讓我深刻體會到：過度自信的風險，不只是帳面損失，更會拖累資金效率、損失機會成本，如果繼續死守信念，最後只會讓自己陷得更深。

價值投資考驗的不是「誰研究得最久」，而是「誰願意用新資訊來挑戰自己的假設」，有時候我們相信「它還是好公司」，其實只是「不願面對它變了」的藉口罷了。

市場不會因為我們多努力，就給我們一個「對的獎勵」；市場只會獎勵願意接受錯誤、修正錯誤的人。這就是我從「達克效應」中學到的一課。

盲目長抱：以為長期投資就是無條件長抱股票

　　價值投資也容易陷入另外一個陷阱──「盲目長抱股票」。
　　價值投資的核心理念：買入好公司，並長期持有好公司。當我們把自己當作公司的股東，就能一起分享公司的獲利成長，讓資產隨著公司價值的提升而水漲船高。然而，很多人卻忽略了一個關鍵問題：「好公司，會不會有走下坡的時候？」
　　沒有任何一家公司能保證永遠都是好公司，無論它過去多麼輝煌、曾經多麼具有競爭優勢，都有可能因為產業變遷、技術革新、消費習慣改變，甚至管理層失誤，而逐漸失

去光環。當基本面逐漸惡化時,如果我們還抱著「長期持有」的信念不放,最終可能不是享受複利的果實,而是見證價值的流失。

價值投資的「長期持有」,不是盲目的「永遠持有」。

真正的長期持有,是建立在公司持續具備競爭優勢、基本面持續良好的前提下,一旦這些前提不再成立,我們就應該勇敢面對現實,重新檢視持股,而不是因為「自己是股東」的心理定位,無限期死守。

因此,價值投資的挑戰,不僅是找到好公司、抱住它,更是持續檢驗「它是不是仍然是好公司」。投資市場沒有絕對的「一勞永逸」,只有不斷的「動態驗證」。以下有兩個非常貼切的實例:

一、柯達(Kodak)

1950年代,柯達幾乎壟斷了全球底片市場,市占率高達90%以上,擁有強大的品牌、專利、通路優勢,幾乎等同「攝影」的代名詞,建立極為深厚的護城河。

接下來幾十年,數位攝影技術逐漸進步,但柯達持續將重心放在底片、沖印等傳統業務,其他競爭對手佳能(Canon)、索尼(Sony)、尼康(Nikon)等,積極投入數位相機市場,最終在2000年代初期完全顛覆了市場結構。

等到柯達全力投入時,早已失去技術領先、品牌優勢和市占率。其實早在1975年,柯達就研發出世界第一台數位相機,但高層決定暫緩發展,原因是:怕數位相機會威脅到底片業務。殊不知這個決定,才是真正影響到柯達業務的關鍵。

因此,柯達的股價到2012年申請破產保護時,已剩下不到1美元。

二、諾基亞(Nokia)

2000年初,諾基亞是全球手機市占率第一的品牌,2007年超過40%,幾乎是無人能敵的霸主,它的手機以耐用、續航力強、簡單好用著稱,是許多人的第一支手機,具有「市場領導地位」與「品牌力」的強大護城河。

不過,直到兩個轉捩點的出現,完全改變了公司的競爭優勢——2007年iPhone推出,以及2008年Android系統問世。

當智慧型手機時代到來時,諾基亞一開始低估了觸控螢幕、APP生態系的重要性,仍持續專注於自家的Symbian系統與功能型手機。儘管內部有部分工程團隊提出改革建議,但高層自信現有模式仍然穩固,遲遲未有明確轉型方向的策略。等到2010年左右,市場已經完全被iOS與Android雙雄瓜分,諾基亞才驚覺已經被時代拋下。

17 投資人的心理陷阱與避免方式

因此，公司的股價從2007年的高點27歐元左右，到2013年已經剩下不到3歐元了。2013年公司宣布將手機業務出售給微軟，正式退出手機戰場，公司也因為這個決定，免於像柯達那樣最終走向破產。

柯達與諾基亞都曾經是全球公認的「好公司」，但當時代改變時，卻因為決策緩慢、路線錯誤而走下坡，如果投資人只因「過去它很好」而選擇無條件長抱，最終可能淪為價值投資的「信仰投資」。

投資大師約翰·坦伯頓爵士（Sir John Templeton）曾說過一句經典名言：「最危險的五個字，是『這次不一樣』。」

市場歷史不斷重演，人性也從未改變，無論是科技熱潮、資產泡沫，還是經濟循環，每一次看似全新的環境，往往都只是舊故事換了包裝再上演。即使公司看起來強大無比、護城河深不可測，我們也必須謹記「沒有永遠的好公司，只有持續被檢驗、被證明的好公司」。

這正體現出「定期追蹤公司」的重要性，價值投資不是「買了就不管」，而是要定期問自己幾個問題：

一、公司是否還維持原本的競爭優勢？
二、產業趨勢是否有結構性改變？
三、管理層的決策是否仍值得信任？
四、成長動能是否還存在？

這些問題的答案，會決定我們該繼續持有，還是該重新調整投資部位。

長期投資不等於放任不管，真正的長期，是經過持續檢驗與紀律調整後的選擇，能夠持續驗證公司價值，才是價值投資真正的精髓。畢竟，最好的投資人不是看得最遠的人，而是願意不斷修正方向的人。

- ☑ 價值投資最難的是承認自己當初的假設已經不再成立。
- ☑ 「好公司」是動態的，不是永久不變的。
- ☑ 護城河會被外部力量侵蝕，要持續驗證它是否還存在。
- ☑ 長期投資不是信仰，是建立在基本面持續優良的前提下。

18 ▶▶ 應對市場波動的策略

對價值投資人而言,「買入好公司、長期持有」是核心觀念,所以我們通常是選股不選市,也就是不擇時投資。也因此,大多數的價值投資人在任何時間點,手中至少有一半以上的資金處於市場中,甚至滿倉的情況也並不罕見。畢竟對我們而言,市場上永遠存在機會,台股有超過一千七百家上市櫃公司,總有值得我們投入的優質標的。

然而,資金長期在市場裡,就意味著我們與市場波動長期共存,這讓我們對於股市的波動早已習以為常,也逐漸培養出對漲跌的抗壓性。

但它也潛藏著一個常被忽略的風險:當黑天鵝事件來襲時,我們的資產曝險程度,往往比一般投資人更高,所受到的衝擊也更直接,更讓我們的資產大幅回檔。

因此,學會妥善面對市場震盪、特別是在極端事件來臨時的應對之道,對我們來說,是一門必修課。這正是為什麼,價值投資並不只是「選對公司、放著不動」這麼簡單,

而是要有心理建設、資金控管、風險意識等多層次的準備，市場會反覆測試你的投資紀律，而我們要做的，是在風暴來臨之前，就已備妥應對之道。

真正長跑的人，不只是會跑，也知道什麼時候該停下來調整節奏。

> 真正的風險，不是波動本身，
> 而是你毫無準備地迎接波動。

不擇時投資的心理建設

德國股神安德烈・科斯托蘭尼曾說過：「小麥下跌時，手中沒有小麥的人，小麥上漲時，也不會有小麥。」這句非常經典的名言，道盡了不擇時投資的精髓，也寫實描繪出無數投資人心中的懊悔與掙扎。

當市場下跌時，雖然空手的人看似避開了資產的損失，但當市場行情開始反彈時，他們手中往往也不會有任何持股，自然也將無緣參與隨之而來的漲勢。

這背後其實揭露了人性的脆弱與矛盾。當空手的人看到

市場下跌時，理性上會希望市場跌得越低越好，好讓我們有機會用更便宜的價格買入；但另一方面，情緒上卻又害怕自己買入後，股價會持續下跌、讓自己陷入虧損，這種矛盾的心理往往在真正的低點到來時，反而裹足不前、猶豫不決，無法果斷進場買入股票而錯失良機。

所以實際的情況是：當股價從谷底反彈上來後，才驚覺「前面的低點是個買入的好時機，早知道就該買了」。然後又因為錯過低點的心態作祟，覺得現在買好像買貴了，轉而期待股價再次跌回低點時再買入，最後結果可能就是等不到低點，眼睜睜看著股價不跌反漲，自己卻仍站在場外、錯過了機會。

除此之外，這句話也隱含了市場上最重要的真相：市場無法預測。

如果市場真的可以預測，大部分的人應該會在低點大膽買入、在高點順利獲利了結。但實際情況卻是：

市場下跌時，你怕還會持續跌，不敢大力買入，甚至不敢買；

市場上漲時，你又怕已經漲高了，猶豫不決、不敢買入。

這些反覆錯過進出場時機的背後，其實就是因為我們無法預測未來，導致決策上的失誤。

因此，用「小麥」作為比喻，強調的不在於我們能不能抓到低點，而在於我們是否持續參與市場，這也間接打破了「靠預測市場致富」這種幻想，轉而強調持續參與、穩健應對的重要性。

正是因為市場充滿不確定性，我們更不應該用事後的結果，來評斷先前決策的對錯，應該要以當時的資訊條件與時空背景，來判斷先前做出的決策是否正確。

就像在2025年4月2日之前，有人想得到川普會拋出如此激進、瘋狂的對等關稅嗎？既然想不到，那麼在此之前做出的決策，自然不該因為日後的結果就被完全否定掉。

我不否認有人在4月2日之前趨向保守、降低持股比例，但也就是因為我們無法預測這類黑天鵝事件，所以大部分的投資人還是會保有一定比例的持股。

也就是說，我們該做的事情從來不是「預測未來」，而是學會應對市場震盪，尤其是在極端情況下，仍能堅守紀律、穩住資產。

不論是巴菲特還是霍華‧馬克斯，他們都對預測市場持否定的態度，一致認為沒有人能夠精準預測市場走勢，因為市場本身就深受許多不可控、不可測的因素所影響。如果我們的決策基礎，建立在這些變數之上，只會讓投資變成一場難以控制的賭局。

面對市場波動的能力

市場不可能永遠上漲,也不會毫無風浪,真正能走得長遠的投資人,往往不是靠預測市場獲利,而是靠面對波動的能力穩健前行。而我認為,有四種能力,是每位投資人必須培養的核心能力:

資金控管

我們必須隨時讓自己保有一定比例的資金,以備市場風險來臨時,有能力進場布局。以整體資金100%為基準,平常最多持股80%到85%,保有15%到20%的現金部位。

這麼做的目的很簡單:當市場遭遇黑天鵝等突發事件,績優公司股價大幅修正時,我才有資金可以「撿便宜」,這往往是放大長期報酬的關鍵機會。(補充說明:所謂「閒錢投資」只是投資最基本的門檻,它是避免生活資金與投資資金混淆的原則,而不是資金控管的一部分。)

分批買入

當我們看好一家公司時,應該要先思考:我希望這檔個股在整體資金配置中占多少比例?

如果答案是 10%,那麼建議不要一次就買滿 10%,我

會建議至少分成二到三批進場，這樣不但可以保有資金的彈性，還保留股價下跌的加碼空間。

或許有人會擔心：那如果我買入後一路上漲怎麼辦呢？雖然機率不高，但確實有可能發生。

所以，分批買入我也不建議分太多批，分太多批會導致初始投入資金太低（例如2%），有可能讓大多數的資金（例如8%）錯過行情，所以我認為二到三批最為適合，能保有彈性，又不會錯過太多行情。

風險意識

當黑天鵝事件來襲時，市場通常會先全面下殺，這時我們該做的不是跟著恐慌，而是冷靜思考：恐慌情緒背後的風險本質是什麼？

就以2025年4月2日川普拋出的對等關稅為例好了。川普為了解決美國貿易逆差與中國洗產地的問題，對世界各國出口至美國的產品課徵高額關稅，也就是說，在關稅制度未明朗前，所有產品出口到美國的公司，都可能受到政策與市場情緒的反覆影響。

既然知道風險是什麼了，我們就能做出調整！

我在事件發生後的第一周內，重新檢視持股，將對美國出口比重高的個股減碼，轉向內需導向的公司，讓自己的資

產盡可能遠離不確定性的中心。一個月後回頭看，這樣的調整確實有效，我調整的內需型公司漲幅明顯優於原本高外銷比重的公司，這就是顯然有效的風險控制行動。

深度認識公司

真正的信心來自理解！

風險來臨時，最能穩住我們心態的，不是「市場總會回來」這種樂觀，而是我們對持股的深度理解。當我們越認識公司，越能夠判斷風險對公司所造成的傷害，這是我們在面對風險時，非常重要且關鍵的判斷依據。

以對等關稅為例，如果你連公司的營收來源與銷售地區都不清楚，又怎能判斷這次政策風險是否影響重大？公司能否撐過去？該加碼還是減碼？而且，真正的研究還不只營收來源和銷售地區，還應該涵蓋公司的商業模式、毛利結構、競爭優勢、上下游關係等等，才能對控制公司風險做出最合宜的行動。

真正厲害的投資人，不是能預測市場的人，而是能穩住心態、控好資金、堅守紀律、持續進步的人。

行情的波動永遠存在，但我們可以讓自己越來越強，站穩腳步、不被情緒擊倒，才是長期獲勝的根本。

19 ▶▶ 認知風險、尊重風險、管理風險

不論是分析財報、進行分散投資與持股配置，或是探討心理陷阱與面對市場波動的應對策略，其背後只有一個核心目的，就是清楚認知到「風險」的存在。

風險是投資決策的出發點

市場的本質從來不是穩定不變，而是充滿不確定性的漲跌循環，我們無法精準預測市場未來的走向，但我們能掌握的是，如何有效地應對風險。

投資不是拿資金進入市場碰運氣，更不是隨意揮霍你辛苦累積的財富，最終成為別人獲取報酬的養分。因此，有意義的投資，始於清楚認知風險。

風險之所以重要，是因為它讓我們保持謙卑，並持續迫使我們檢視自身可能存在的盲點：

當你看錯公司時，它會提醒你：分散投資永遠比過度自

信更可靠。

當持股淪為壁紙時,它會提醒你:沒有永遠的好公司,只有持續被檢驗的好公司。

當市場突然劇烈波動時,它會提醒你:現金是你在混亂中保有選擇權的底氣。

當股市進入熊市時,它會提醒你:過去的報酬可能並非來自實力,而可能只是運氣的眷顧。

風險隨時存在、從未離開,只是有時候它會靜默,讓人誤以為它不存在,而實際上,它只是在醞釀下一次收割更多鬆懈的人。

而我們越能將風險放在心上,就越能在市場的情緒波動中保持冷靜,回歸理性的判斷軌道,做出真正適合自己的決策。

賭徒也知道風險,但投資人要學會尊重風險

很多人會問:破產的賭徒難道不知道風險嗎?他們當然知道,否則不會說出「十賭九輸」或「我就小玩一下」這種自我安慰的話。

但問題在於,知道風險和尊重風險是截然不同的兩件事!

賭徒經常陷入兩大心理陷阱,凸顯了這種落差:

控制錯覺：高估自己對結果的影響力，以為憑直覺、經驗，甚至下注方式就能影響結果，卻忽略了賭局的本質是完全隨機。

賭徒謬誤：誤以為連輸幾把後總該輪到自己贏了，彷彿過去的失敗未來自然會得到補償，卻忘了每一次機率事件都是獨立的，不存在「該你贏了」這件事。

這些認知偏誤不只出現在賭場，也同樣存在於投資市場。

當投資人過度自信地認為，自己總能低買高賣、逢低攤平，股價一定會漲回來，甚至覺得漲多了就該跌、跌多了就該反彈。本質上，這已經偏離理性分析了，而是將資金交由錯誤的信念與情緒去主導。

成熟的投資人真正依靠的，並非自己的第六感，而是一套清晰可執行的風控機制、分散配置、資金控管。這也是為什麼我們不能只停留在「認知風險」的階段，而是必須進化到「尊重風險」與「主動管理風險」的層次。

否則，投資可能只是換了包裝的賭博。

風險管理，是投資的底層架構

風險從來不是要讓我們畏懼投資，而是提醒我們：不是

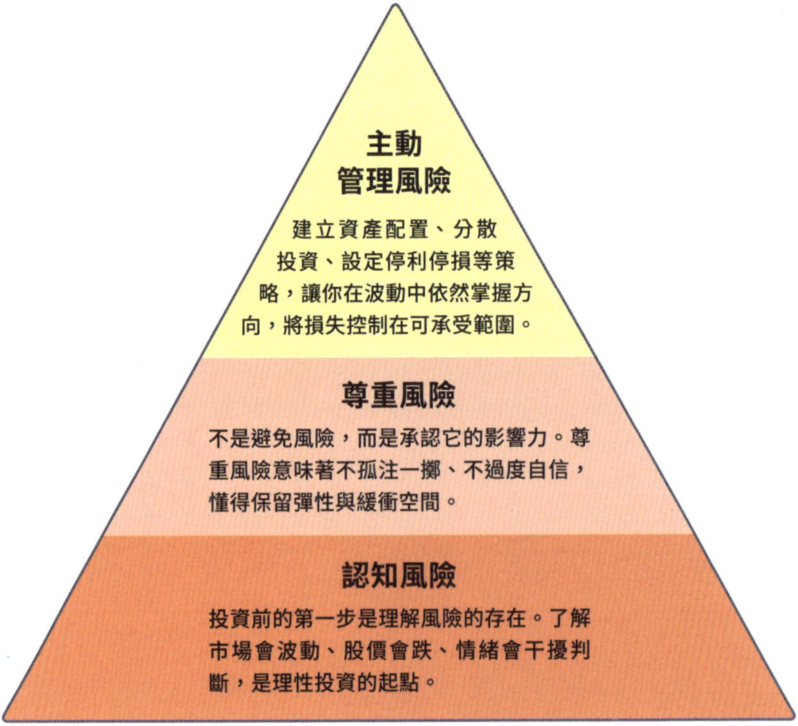

主動管理風險
建立資產配置、分散投資、設定停利停損等策略,讓你在波動中依然掌握方向,將損失控制在可承受範圍。

尊重風險
不是避免風險,而是承認它的影響力。尊重風險意味著不孤注一擲、不過度自信,懂得保留彈性與緩衝空間。

認知風險
投資前的第一步是理解風險的存在。了解市場會波動、股價會跌、情緒會干擾判斷,是理性投資的起點。

圖4.12　應對風險三層次

每一次的投資都必須成功,但每一次的失誤都必須可控且不致命。

　　風險管理的核心意義,在於讓我們能夠以有備而來的姿態,從容面對無法預測的市場變化。也正因如此,我們必須投入大量時間與心力分析財報、分散配置、控管資金、制定

進出場紀律,甚至不斷與自身的情緒及人性進行拉鋸。這些看似保守的行為,並非為了逃避波動,而是為了在波動真正來臨時,能夠活得更久,也穩得住陣腳。

在市場中能長期獲利的人,從來不是預測最準的人,而是那些最能承受不確定性,穩健走完一場長期賽局的人。

成熟的投資,不是追求不輸,而是學會輸得起

真正的高手,不在於每一筆投資都能獲利,而在於能夠有效控制虧損的幅度,守住全局。

他們不會孤注一擲,而是分批投入資金,為自己保留彈性。

他們不會滿倉壓注,而是刻意保留餘裕,以應對突發的市場變化。

他們不會只看報酬,更重視下檔風險與資金安全。

投資是一場長跑,最終能夠堅持到終點的,從來不是跑得最快的那個人,而是每次跌倒後,都還能再次站起來,繼續往前奔跑的人。

PART V

成果筆記：
漸漸找回時間的自由

20 ▶▶ 在你的「能力圈」內投資

大家都知道投資需要有一套理論基礎，理論人人都能講上幾句，但說到底，理論終究還是理論，真正進入市場的那一刻，你會發現，實戰是完全不同的世界。

就算我們把價值投資的原則牢記在心，實際上場時，第一個迎面而來的問題，往往不是什麼估值模型、也不是什麼財報分析，而是一個非常簡單卻現實的問題：「台股有一千七百多家上市櫃公司，我該從哪一家公司開始研究？」

雖然我在第08章中有提到，選股方式主要分為兩種：「由上而下」與「由下而上」，但要實際運用時，許多人還是會有一種「不知道怎麼開始」的感覺。

大多數人一開始會先從「由下而上」入手，因為門檻相對較低，再加上現在市面上又有許多現成的量化篩選工具或APP，可以協助我們根據營收成長、毛利率上升、營業利益率提升等條件，快速地從上千家公司中，篩選出一批獲利「可能」不錯的公司。這樣做的確能縮小範圍，但問題是，就算條件設

得再嚴格，最後通常還會留下四十到五十家候選公司。

那麼問題來了：我該如何從這四十到五十家公司中進一步篩選？是單純按照成長率的高低排序，還是按照本益比的高低排序嗎？這樣做真的有辦法深度認識透過量化篩選出來的公司嗎？

量化工具只能縮小範圍，卻無法建立信念，這樣做有一個致命盲點：你無法僅靠數據撐過一段股價的下跌！

因為對公司沒有深度的認識，很難在市場波動中堅持持有，所以這麼做的風險其實很高，這部分在第18章就有相關說明，只有真正理解一家公司的投資人，才有信心與耐心長期持有。

所以我想強調的是：與其一開始就依賴量化條件去篩選公司，不如先回頭問自己一個更根本的問題：「我對哪些產業或領域比較熟悉？」從我們比較熟悉的產業或領域出發，挑出幾家相關公司，進行橫向比較與深入研究，才有機會建立起對公司深度的認識與認同。

這就是投資裡非常重要的概念：「能力圈」。

我們不需要什麼都懂，但要知道自己真正懂什麼；沒有人要求我們看遍全部一千七百家公司，但需要在自己熟悉的產業或領域內，做出有信心的判斷。只有這樣，在市場波動來臨時，我們才有足夠的知識與信念去堅持自己的選擇，更

有底氣不被市場恐慌的情緒動搖,甚至懂得逆勢加碼。

光是這樣,就足以勝過市場上大多數的人了。

> **從量化工具開始,是走不進公司的靈魂的。**

你工作的地方,就是最好的投資起點

所謂「能力圈」是指每個人在特定產業或領域中,所累積與具備的技能、知識、經驗、資源等相關能力,這是投資人非常重要的基礎資產,也是長期獲利的起點。

我們不需要什麼都懂,但務必要知道自己「真正懂什麼」。投資不是考試,不需要全科都及格,只要在熟悉的範圍裡做到精通,就足以勝過市場上大多數的人。

正在閱讀這本書的你,也許本身就在半導體產業工作,那麼你可能熟悉記憶體、矽智財、晶圓代工、封裝測試等產業鏈細節,對這些領域的認識,自然會比一般人更加深入,也更能感受到產業景氣的變化節奏。

這樣的你,就比別人更有機會提早發現具有投資價值的

半導體公司,甚至能更敏銳地察覺產業轉折的訊號,別人還在看新聞、等法說會,你可能已經在第一線觀察到端倪了。

又或者你在自行車產業上班,那你可能會比別人更早知道通路端的庫存壓力何時解除、訂單開始回補,當市場還在對「去庫存完成了嗎?」這類問題吵得不可開交時,你早已悄悄把美利達(9914)、巨大(9921)或上游零組件廠列入觀察名單,甚至完成了布局。

再舉一個例子,如果你是在傳統的電梯公司內擔任維修技師,也可能知道電梯維修的需求趨勢、市占率變化,進而理解為何崇友(4506)能夠每年穩定成長、維持良好現金流。

以上這些例子都顯示出,無論你在哪個產業,只要你觀察夠深、參與夠久,那裡就可能藏著你最有勝算的投資機會!

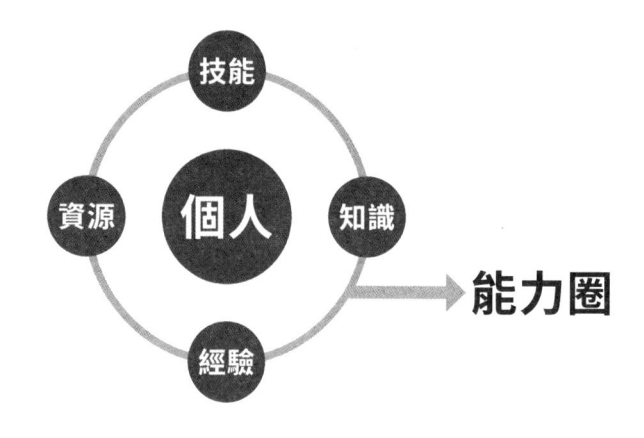

圖5.1　能力圈

說到底,能力圈最大的價值有兩點:

資訊過濾能力:你知道什麼是雜訊,什麼是真正有意義的訊號。
事件判斷能力:你能判斷一個事件對產業與公司的實質影響,而不是只是看媒體報導的標題,而被牽著鼻子走。

當你深耕自己熟悉的產業或領域,這兩項能力會自然發揮作用,幫助你做出更穩健、更有信心的投資決策。這不只是投資眼光的不同,更是風險控管的基礎,因為你了解得夠深入,自然也更知道風險在哪,更能在市場情緒恐慌時保持冷靜,甚至反向思考。

很多人進入股市後,常常是看新聞、聽明牌、追熱門股,但這些資訊往往是最晚傳到散戶耳中的落後指標,熱門股漲起來時看起來人人都在賺,但等你跟上時,往往就是人家在出貨的時候。

與其跟著市場起舞,不如回頭深耕自己的能力圈。你可以這樣問問自己:

- ☑ 我在哪些產業或領域可能懂得比別人多？
- ☑ 我的工作或生活中，能接觸到哪些產業領域的細節？
- ☑ 我對哪些產品、服務，有比別人更深入的使用經驗或觀察視角？

這些，就是你真正的投資起點，不要去追市場熱門股，要深耕你的能力圈。市場永遠不缺熱門股，但我們要的不是下一檔熱門股，而是要找我們「能理解」、「可長期追蹤」、「能判斷價值與風險」的公司，而這些公司，往往就在你熟悉的產業或領域裡，等著你發現。

投資不是比誰懂得多，而是比誰對自己懂的事情更有信心、更能堅持。所以，請你現在就停下來問問自己：

我真正懂的是什麼？

我的能力圈在哪裡？

我現在做的投資，真的有辦法長久讓自己獲利嗎？

答案，不在別人的報告裡，也不在新聞媒體中。

答案，就藏在你日常工作的點滴、生活的細節，以及你過去累積的每一份專業經驗裡，只是你還沒轉個角度去看它而已。

找到自己的能力圈，就等於找到了你在市場裡最自然的起跑點。

21 ▸ 認清自己的能力上限

有一句話是這麼說的：投資，其實是一個認識自己的過程。

因為越認識自己，就越清楚自己的能力上限，才知道什麼是自己能掌握的、能駕馭的，自然也就比較不會去做超出能力範圍的事情，投資決策也會更貼近自己的性格與強項，失誤的機率也相對降低。

你看似在選股，實則選的是自己的能力圈。

但是現實是，多數人進入股市時往往是懵懂無知、盲目的，包含我自己也是。

在初期，我們總是自信滿滿，認為靠幾篇財報解讀、幾個網路名詞，就能和市場對弈。直到被市場無情教訓、嘗過苦果後，才會記得慘痛的代價，進而開始反思自己的問題在哪裡，才有可能認知自己的能力應該到哪裡。

我對這間公司真的理解嗎？

我的決策是來自分析，還是情緒？

我是在做投資？還是在賭行情？

這就是所謂「認識自己的過程」。

當我們真正認識自己之後，就會清楚自己在股市中扮演的是什麼角色。是注重基本面與長期投資的投資人？還是注重技術面與籌碼面的短線交易人？是資訊有限、節奏偏慢的一般散戶？還是對市場變化反應靈敏的交易高手？角色不同，策略就該不同，最怕的不是輸錢，而是連自己在做什麼都不知道。

我經常看到這樣的情況：一邊說自己是價值投資派，一邊卻天天盯盤、追著漲停板跑、追漲殺跌；講得頭頭是道，操作卻全憑情緒與短線K棒。這說到底，就是還沒認清自己。

市場可以寬容一時的無知，但不會永遠包容不自知。

請務必牢記一句話：我們永遠只能賺到認知範圍內的錢。

對市場的理解有多深，對自己的認識有多清楚，就決定了你在市場裡能走多遠。

因此，當我們逐漸認識自己，知道自己是什麼樣的投資人，也了解自己的思維模式與情緒反應後，接下來要做的，就是建立屬於自己的投資方法，而這條路的起點，就從能力圈內投資開始。

第一步：能力圈內投資

能力圈內投資是我們穩健踏出的第一步，簡單來說，就是專注在自己熟悉的產業或公司中，尋找投資機會。

在自己的能力圈內投資時，不但會有比較好的資訊判斷能力，也比較不容易受到似是而非的新聞、消息影響，對於持股的理解也會更加深入，自然能夠建立信心、放大耐心，更容易長期持有，並享受公司獲利成長所帶來的股價上漲，這是投資初期支撐我們穩定獲利的關鍵基石。

但如果我們希望在這條漫長的投資之路上長久地穩定獲利，光靠現有的能力圈終究是不夠的。因為產業會變遷、科技會進步，就算現在看起來穩固的競爭優勢，都有可能在幾年後就被取代。

也有可能你熟悉的產業，本身可投資標的並不多，不可能奢求少數的幾家公司，過了五年、十年甚至二十年，都能夠穩定成長並保持競爭力吧？

所以，我們的能力圈也應該與時俱進，在站穩第一步後，就該思考如何從第一步邁向第二步！

第二步：擴大能力圈，讓視野不斷進化

當我們在既有能力圈中逐漸建立起信心與成果，接下來就該思考：能力圈是否能隨著時間一起成長？

投資從來不是一成不變的功夫，現在看來穩健的產業，未來可能因為技術變革、消費習慣改變或政策轉向而走下坡；反之，今天你還看不懂的產業，可能正蘊藏著未來十年的長期趨勢。

因此，第二步的關鍵，就是持續學習、主動擴展，有系統地擴大自己的投資能力圈。

這並不是鼓勵我們去追逐熱門題材股，而是學習看懂更多新產業，了解背後的商業模式與產業結構，並慢慢納入我們的能力圈。

重點不在於看過、了解了幾個專有名詞，而是你是否真正理解一個產業的商業模式、競爭態勢與成長機會，並有基本的判斷能力。能力圈的擴張不是靠速成，而是靠時間的積累與刻意的練習。

當你的視野變廣與理解力變深，你能理解的公司就會變多，就能在更多產業中發現機會。最重要的是，當對於市場變化不確定時，依然能保持投資上的判斷力與心態。

如何開始擴大能力圈？

從你熟悉的地方出發，是拓展能力圈最穩妥也最有效率的方式。例如：如果你熟悉的是傳統製造業，那你可以從生產流程、機械設備等熟悉的面向出發，進一步延伸去理解自動化系統、智慧製造、工業物聯網，甚至是 AI 在品質檢測與預防性維護上的應用，以及背後可能需要的自動化設備、工業電腦、感測元件等相關商機。

這些數位轉型技術，正逐步改變傳統製造的效率與競爭力，也讓原本熟悉的產業，孕育出全新的投資機會。

又或者你熟悉的是醫療與健康照護產業，那你可以從病患高齡化、醫療需求的有機成長這些熟悉的面向出發，進一步延伸理解疾病的趨勢、藥品的需求、微創手術的發展，進而去尋找相關上下游供應鏈。

隨著醫療技術進步與患者對生活品質的重視提升，微創手術、癌症治療、生技製藥等領域逐漸崛起，背後也帶動了相關設備、耗材與藥品的上下游供應鏈機會。

從你熟悉的產業出發，逐步延伸到相鄰領域，是擴大能力圈最穩妥、也最有效率的方式，不是一下子就看懂陌生產業，而是循序漸進，把不熟悉的領域變得熟悉。

舉我自己的例子：過去雖然我的工作與醫療產業無直接關聯，但因為業務需求，我經常出入洗腎診所，也正因為如

此，讓我意識到：洗腎是一種高度剛需的醫療需求。因為一旦病患開始洗腎後，幾乎就必須洗一輩子了，每周都需要洗二到三次腎，而且不能中斷。這種高頻率、長期性的治療模式，使得洗腎需求不僅極為穩定，還具有結構性的成長潛力。

除了需求穩定之外，還有三個更深層的驅動因素：

一、高齡化社會的發展下，高血壓與糖尿病的人口占比不斷上升；這兩個文明病正是導致慢性腎病變的主要危險因子。

二、當慢性腎病惡化至一定程度時，就會進入腎衰竭階段，進而需要透析治療（洗腎），這是每年洗腎人口持續增加的關鍵。

三、再加上醫療水準提升、公共衛生改善，人們的平均壽命也在延長，這代表活得更久，洗得也更久，這是造成每年洗腎人口增加比減少的還多的主因。

四、不只是台灣，全世界大多數已開發國家都正快速邁入高齡化社會。

綜合這些因素可以看出，洗腎的醫療需求是長期、穩定且具備成長性的，因此背後所牽動的醫療耗材與服務，自然是一門值得關注的生意。

也因為這樣的觀察，我開始研究洗腎相關的醫療耗材公司，而這正是我發現「邦特」（4107）的契機。深入研究邦特後，我注意到公司的明星產品之一：TPU體內導管，是一種高毛利、具技術門檻的利基型產品，毛利率甚至高達80%。

　　為了進一步了解TPU體內導管的市場價值，我又開始研究它的用途與產業定位。這時我接觸到一個關鍵資訊：介入性治療。介入性治療是以「導管＋影像導引」為核心的微創治療技術，透過導管、導線在不開大刀的情況下，進入體內進行診斷或治療，已成為現代醫療的重要發展方向，尤其在心血管、腫瘤、神經與急重症領域扮演關鍵角色。它有以下幾個優勢：

- ☑ 微創、不需全身麻醉：創傷小、恢復快、住院天數短
- ☑ 風險與併發症較低：比傳統開刀安全許多
- ☑ 搭配影像導引精準操作：增加成功率與治療效率

　　這讓我更理解，TPU體內導管不只是邦特的一項產品，它背後所連結的，是整個醫療趨勢與技術升級的大方向。但值得提醒的是，就算產業或產品有成長性，我們仍要回到基本面，用前面PART III提到的獲利能力與成長性等方式，去

評估這家公司是否值得投資。

回頭看我的這段過程：從洗腎診所觀察實務需求→延伸至洗腎耗材公司邦特→再從邦特研究到TPU體內導管與介入性治療，這正是一個擴大能力圈的過程。

這個例子也可以體現出，即便我不是醫學相關背景的人，也可以透過「研究」了解原本不認識的產業及公司，甚至藉此持續延伸其他投資機會，進而把它們都納入我的能力圈範圍。

像我這樣擴大自己的能力圈，我可以投資的機會也越來越多，自然就可以調整自己的投資組合，進行汰弱留強，進而提高自己的報酬率。

發現剛性需求 → 研究相關公司 → 發現公司的明星產品或關鍵服務 → 從基本面確認公司的投資價值 → 增加一個納入能力圈範圍的領域

圖5.2　擴充能力圈

22 ▶ 利用價值投資原則，持續追蹤與調整

在能力圈範圍內投資，其實只是我們買入股票的第一步。接下來，我們還需要更進一步思考一個更關鍵的問題：我該如何分配資金到這檔股票上？這與第16章提到的分散投資、核心持股、衛星持股策略密切相關，絕非單純挑對標的就足夠。

假設我計畫建立一個包含十家公司的投資組合，理想狀況下，每家公司持股比例為10%。然而，這並不意味著我會一次性將這10%的資金全數投入該公司股票。既然我們講求分散投資，那麼在單一股票的進場策略上，也應該講求資金分批布局的分散化，才是邏輯一致且風險可控的做法。

畢竟，沒有人能保證我們買入的當下，就是未來回頭看最便宜的價位。雖然我們會盡量選擇在具備足夠安全邊際時進場，但相信沒有任何投資人能百分之百確定自己對安全邊際的判斷是準確的。

進行資金分批布局

回顧第13章的內容,我們提過安全邊際的判斷牽涉到估值、預估 EPS 以及本益比的合理評價,而這些因素本身就存在著不確定性。正因如此,我們才要選擇在安全邊際充裕時進場,以降低預估錯誤或市場波動所帶來的潛在不確定性風險。

舉例來說,假設我判斷目前股價相較於內在價值有30%的安全邊際,但市場上的其他投資人也許僅認為有10%的安全邊際,這種認知落差是導致股市波動的原因之一,所以股價仍然有可能在買入後持續下跌。面對這種可能性,我會選擇將每一檔股票的持股資金再細分成多批進場,以達到更好的風險控制。

以我個人的做法來說,我通常會將單一股票的配置資金(10%)分為三批進場:

第一批,我會先投入約5%,作為初始布局。

若股價自初始進場點下跌約10%,我會先審慎檢視該公司的基本面是否有變化、安全邊際是否有縮小。若兩者皆無異常,則再加碼第二批資金(2.5%)。

若股價再下跌約10%,我會再進行一次基本面與估值的確認,確保公司體質未變、安全邊際仍充足,才會投入最

後一批資金（2.5％）。

透過這種審慎且系統化的分批進場策略，除了降低單次誤判風險，也能在面對短期市場波動時，保持冷靜、理性，持續檢視投資假設是否依然成立，並保留更多彈性調整的空間，進一步降低資金配置的風險。

至於該如何分配資金，其實是取決於每個人對於資金控管的方式與風險承受能力。無論是選擇單一持股的現金配置比例為10％、15％甚至20％，或者是將單一持股分成數批進場、設定每次進場的百分比，甚至在達到特定條件或滿足點後再加碼，都沒有絕對的標準答案。重點在於，選擇一種讓自己最安心、最適合自身投資節奏的方式，就是最好的策略。

其實，上面已經點出了我想特別強調的核心觀念：不論採用哪種資金配置法，持續追蹤與靈活調整，才是投資過程中真正重要的關鍵。只有透過持續檢視持股的基本面變化、評估市場狀況與風險，才能在不同階段做出適時的調整，確保投資策略與自身目標保持一致，並有效降低潛在風險。

持續追蹤與調整的重要性

我們買入任何一家公司的股票後，絕不是簡單放著不管，等著股價達到目標價就出場，或一味死抱著不放。投資

從來不是「買了就萬事大吉」，而是一個持續觀察、動態調整的過程。

或許你曾經聽過一個耳熟能詳的故事：美國有一位名為葛莉絲・格羅納（Grace Groner）的老奶奶，當年26歲時在亞培公司（Abbott Laboratories, ABT）擔任祕書，於是她花了180美元，以每股60美元買入3股公司的股票，之後的七十五年間，她從未賣出過這些股票，而是將所獲得的股息全部進行再投資，並持續累積持股，直到2010年去世時，她的投資帳戶價值已經高達約720萬美元。

這個故事的確告訴我們長期投資的重要性與威力，但我們不能忽略了過程，如果她在持有的七十五年間沒有持續關注亞培的動向，或是忘了自己有買亞培的話，這就是「倖存者偏差」，可能只是數十萬、甚至數百萬個人當中的一個幸運兒，因為如果她當初買的是前面提過曾經風光一時、最終卻因產業劇變而走向衰敗的全球底片龍頭柯達的話，那麼這180美元的股票，恐怕是面臨下市清算歸零，而不是累積成720萬美元的財富。

關鍵在於，假如她在持有亞培的七十五年間，始終持續關注公司的發展、產業變化與競爭優勢，那麼她的成功就是建立在「長期投資＋持續追蹤」的基礎上，這就正好體現出持續追蹤的重要性，而不是單純的幸運。如果她只是買了股

票卻忘了自己持有,純粹依賴運氣,那這樣的成功經驗是無法持續複製的。

持續追蹤的目的,就是要幫助我們在公司的產業競爭力與地位衰退時,及時察覺風險,在股價還沒有真正崩跌時,盡早理性地調整自己的持股水位,看是要減碼持續觀察,還是要全數停利／停損並果斷出場。這件事情非常重要,因為這樣的過程,才是投資中真正降低大幅虧損的關鍵,而不是等公司股價跌到準備下市、無力回天時才開始後悔。

這點,從最近即將面臨破產的一家美國公司 Wolfspeed 就可以得到很好的警示,這家公司是碳化矽(SiC)晶片的龍頭,而碳化矽因具備耐高壓、高溫、高頻等特性,廣泛應用於高功率電力轉換場合與環境,其中又以電動車為最主要的應用領域。因此在過去幾年,市場幾乎一致看好電動車的未來趨勢下,對於 Wolfspeed 自然也寄予厚望,我相信五年前絕對沒有人會料到公司有下跌 99%、淪落到申請破產保護的可能性。

所以,如果在持有公司股票的五年間,我從來都沒有去追蹤產業的動向,而是一味相信「碳化矽是未來的使用趨勢,而作為龍頭的 Wolfspeed 獲利、股價一定都會很好」,那五年後的現在,我投資的 100 萬就會僅剩下 1 萬元,虧損高達 99%。

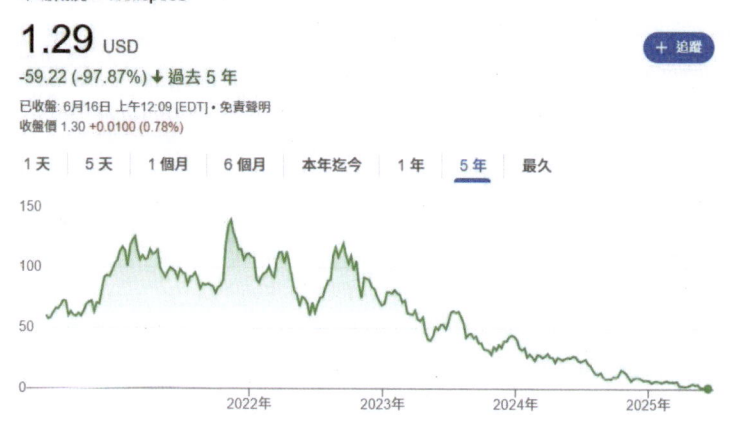

圖5.3　Wolfspeed大跌99%
來源：Google財經

這種結果應該不是當初我們投資時想要看到的，對吧？

所以，投資的重點不只是選對公司，更在於持續追蹤與審視，適時調整策略，才能真正掌握主動權。掌握這一點，才能讓我們不只是「幸運的長期投資人」，而是真正經得起時間考驗的理性投資人。

該如何持續追蹤？

當我們持有一家公司的股票後，持續追蹤的第一步，就

是要定期檢視各項關鍵量化數據——月營收、季營收、毛利率、利益率、淨利率、存貨細項變化、合約負債等，這些都是投資人最基本的觀察項目，這些量化數據的變化，背後必定有原因，我們要做的就是透過數據去找出那些原因，了解公司營運的真實狀況。

一般來說，當數據變壞時，大家都會意識到要找原因，這很好理解。但很多人往往忽略了一點：當數據變好時，同樣需要找出背後的原因。為什麼？

因為數據變好有可能只是短期因素帶來的假象，並不是長期向上的趨勢。所以如果我們將短期的變好假象誤判為長期的正向發展，就有可能過度樂觀、低估風險，進而錯判安全邊際，讓自己暴露在更大的風險中。

老實說，很多時候靠自己的研究，是無法完全拼湊出全貌的。畢竟，公司內部資訊掌握在管理層手中，外部公開資訊往往有限。這時候該怎麼辦呢？

⛔ 主動寄信／致電公司發言人或投資人關係（IR）！

上市櫃公司有義務履行資訊揭露規範與市場溝通要求，通常會有發言人或IR部門及人員，所以我們可以透過寄信或直接打電話至公司找相關人員，詢問我們的問題，大部分的公司通常很樂意回覆。

這是讓我們在投資能力上與一般投資人拉開差距的重要

一步。當我們願意主動寄信或致電，向公司發言人或IR詢問問題，有時候就能從管理層口中，獲得比市場公開資訊更完整、更具前瞻性的內容，讓我們的判斷更為精準。

但是，不是每家公司回覆的品質都一樣，有些公司可能會詳細回覆、主動說很多，有些公司則是偏簡單敷衍，甚至還有些公司是完全找不到人的，但我們實在也沒有辦法要求公司必須怎麼回覆。不過，我們仍然可以從自身做起，來增加公司願意詳細回覆的可能性。

其中關鍵在於：我們該怎麼問，才能引出更深入的答案？如何讓公司願意認真回覆？

首先要知道，通常發言人或IR是由公司的管理層或高階主管兼任，他們的工作也都比較繁忙、時間寶貴，如果我們提出的問題顯得表面、缺乏準備，他們自然也只會給予制式或簡單的回應。但當我們的問題顯示出用心研究、深入思考，他們反而有可能更願意花時間，給予更多的解答。舉例來說：

☑ **不要只問表面問題**

例如：別只問「為什麼Q1毛利率下降？」

▶ 公司很容易只給你一個籠統的答案：「產品組合變化所致。」

可以問得更深入:「為什麼Q1毛利率下降?是高毛利產品衰退,還是低毛利產品成長,造成產品組合轉差?還是公司面臨同業價格競爭?」

▶ 這樣的問法,能讓對方知道你已經有自己的觀察,促使他們給出更具體的回覆。

☑ **善用歷史數據做比較,展現你做的功課**

例如,不要只問:「為什麼高毛利產品沒有持續成長?」可以這麼問:「高毛利產品過去幾年間的年複合成長率達到X%,今年成長性卻不比以往,是公司面臨了什麼成長瓶頸嗎?」

▶ 這樣能讓對方感受到你是長期投資人,有花時間統整過去與現在的資料做比對,公司自然更樂於用心回覆,因為公司也比較喜歡長期投資人,股東組成如果都是長期投資人居多,比較不會讓股價起伏過大、籌碼結構較為穩定。

實務方面可以討論的技巧其實非常多,但最重要的原則只有一個:不要停在單層思考,多問第二層、第三層的問題,讓問句能帶出更多深度與價值,這樣不僅能提升自己對公司的理解深度,也更能在市場上成為具備洞察力的投資人。

23 找出最適合自己的投資策略

同樣的投資方式、理論、思維,反映在每個人身上最終得出來的結果,卻是完全截然不同,其中有一個最關鍵的變因,就是「人性」。

每個人的生長背景、生活環境、個性、財務、資產都不盡相同,而這些因素會共同造成每個人「風險承受能力」的不同。這正是直接影響投資績效差異的關鍵所在,因為風險與報酬始終緊密相連、密不可分,兩者是成正比的關係。

當我們渴望追求更高的報酬率時,必須意識到伴隨而來的風險也會相對提高。千萬不要妄想能找到「高報酬、低風險」的投資選擇,如果真有這種機會,更應該謹慎檢視,是不是有潛在的風險被忽略了?所謂天上不會掉下免費的午餐,市場也從來不會白白給出超額報酬。

認清風險承受能力，守住投資底線

投資前，我們除了要認知風險之外，更要清楚自己對於風險的承受能力到哪裡，避免做出超過自己所能承擔風險範圍的事情，以致最終承擔不了風險而從股市中畢業、甚至背負債務。

風險承受能力指的是：一個人在面對投資或決策時，能夠在財務、心理層面接受資產價值波動或可能損失的程度。簡單來說，它代表我們在不影響生活品質或財務穩定的前提下，能夠承受多少風險。

風險承受能力有兩個層面：

一、客觀風險承受能力：
財務上實際能承擔多少風險？
工作與年薪的穩定性？
每月的穩定現金流？
未來資金需求（例如買房、買車、子女教育、退休準備）？
資產總額與負債狀況？

二、主觀風險承受能力：
心理上實際能承擔多少風險？

面對股價波動時的情緒起伏程度？

遭遇帳面虧損時的壓力承受度？

面對不確定性的應對能力？

風險承受能力的高低，正是客觀條件與主觀感受的綜合體。

舉例來說，一位年輕的台積電工程師，擁有2、3百萬的年薪，在財務上具備相當不錯的客觀承受力，理應會有較高的風險承受能力。然而，他在心理上卻極易受到股價波動影響，情緒起伏甚至干擾到工作專注度，那麼即便財務條件允許，他也無法真正承擔較高風險的投資。這正說明只要主觀或客觀承受力不足，整體風險承受能力就會被拉低。

認清自身屬於哪種投資人類型

在投資這條路上，我始終認為：先認清自己屬於哪一種類型的投資人，絕對是成功的第一步。這樣做有助於我們在擴大能力圈的過程中，避免挑選到那些不適合自己投資屬性的公司。

判斷自身投資屬性時，務必以風險作為主要考量，而非報酬率。畢竟誰不想獲得更高的報酬呢？但每個人的風險承受

能力則有明顯的差距。正如我在這本書中一再強調的：風險永遠是投資中最需要重視的要素（風險至上）。因此，用風險作為劃分投資人類型的依據，自然是最貼切不過的方式。

保守型投資人

風險承受能力低，偏好投資那些俗稱「大到不會倒」的公司，像是金融股、中鋼（2002）、中華電信（2412）等大型、成熟型公司。這類公司通常具備穩定的營運基礎與配息能力，但由於成長空間有限，報酬率自然也不會特別高，不過剛好符合保守型投資人重視的資產安全與穩定現金流。

穩健型投資人

風險承受能力中等，傾向選擇各產業的龍頭股，像是櫻花（9911）、崇友（4506）、聯華食（1231）等公司，這類公司除了具備穩定的配息之外，還會隨著其產業規模穩定成長，獲利也持續成長，進而帶動股價緩步上漲。穩健型投資人追求的是資產穩定增值與穩定現金流，報酬率通常會比保守型投資人來得高，但承擔的風險也相對高一些。

積極型投資人

風險承受能力較高，會挑選現階段處於成長及市場關注

度較高的產業與公司，期望透過公司獲利的高速成長，帶動股價大幅的上漲。

然而，這類型標的每天的股價波動往往也相對劇烈，對於不習慣股價每天大幅起伏的投資人而言，在等待股價「開花結果」的過程中，可能會感受到極大的心理壓力與不確定性的挑戰。但如果能克服這段過程中的波動與不安，最終獲得的報酬往往也是最為可觀的。

一個人並不是現在屬於保守型投資人，未來就會一直是保守型投資人，因為風險承受能力並非一成不變，而是會隨著我們不斷累積的知識量、實戰經驗、資金而有所改變。

我自己就是很好的例子，剛踏入股市時，我是一個極度保守的投資人，隨著我對股市、產業知識量的累積，風險意識與判斷能力也不斷提升，才讓我慢慢轉變成穩健型投資人，並在之後逐步邁向積極型投資人。

這樣的轉變，並不是一蹴而就，而是建立在不斷吸收知識、親身經歷市場波動的基礎之上。我始終認為：只有親身經歷過市場的風險與挑戰，才能認清自己的身心狀態，判斷自己是否具備在極大壓力或高度不確定性中，堅持投資信念並維持紀律的能力。

因為當信念與紀律崩塌時，投資人往往會在最不該放

棄的時候選擇退場，或者在市場劇烈波動中做出不理性的決策。結果不僅無法挽回損失，反而可能讓原本還有機會翻身的局面，徹底變成無法收拾的殘局。

親身經歷市場風險的過程，不僅讓我們更認清自己的能力邊界，也讓我們學會尊重風險。更重要的是，如果經歷過後發現某種投資方式不適合自己，就該勇敢回到適合自己的位置，而不是一味勉強自己硬撐。投資的目標，從來不該是逞強或逞一時之勇，而是找到最適合自己、能長期走下去的路。

然而，跨過積極型投資人的那道門檻後，我所獲得的報酬確實有了顯著提升，我深知這也意味著自己需要花費更多時間持續精進能力，因為在這樣的投資路上，如果沒有持續提升能力，很快就會被市場無情淘汰。因此，最終我決定開始專職投資！

回顧我的投資歷程：

2018、2019年是我的摸索期與學習期，那時候我都是投資一些民生類股，例如櫻花（9911）、崇友（4506）、聯華食（1231）、大成（1210）等這些耳熟能詳、營運穩健的公司。但隨著我不斷接觸與吸收股市與產業相關知識，我對於自己的判斷逐漸有了信心，我開始從穩健型轉型為積極型投資人，這個過程主要發生在2020、2021年。因此，比較「2018、2019年」與「2020、2021年」，報酬率就有非常大的落差。

這就是我透過更多的研究，讓我能夠承擔更多的風險，所換來的報酬率。這絕對不是盲目認為自己足以承擔風險下的產物，而是透過一次又一次的市場驗證，確認自己的判斷是否正確後，才慢慢建立起的信心。

年份	2018	2019	2020	2021	2022	2023	2024
報酬率	5%	6%	100%	50%	8%	54%	55%

圖5.4　我的投資歷程

投資的核心：找到屬於自己的節奏

然而，我並不是要提倡大家模仿我的方式，因為我很清楚，我現在的積極程度，其實並不適合大部分的投資人。或許你看到我的報酬率，會希望自己也有這樣子的報酬率，但我還是得說：與其一味追逐他人的報酬率，不如選擇讓自己感到最舒服、安心的投資方式。

就像我第21章中強調：

> 因為越認識自己，就越清楚自己的能力上限，才知道什麼是自己能掌握的、能駕馭的，自然也就比較不會

去做超出能力範圍的事情，投資決策也會更貼近自己的性格與強項，失誤的機率也相對降低。

真正能在市場中長期穩定獲利的，不是那些報酬率最高的投資方式，而是那種最適合自己個性、能力與節奏的方式。因為只有適合自己的方式，才能讓你在市場波動中長期堅持下去，而不會在壓力下失去方向。

投資的意義：穩健資產，享受人生

投資不是我們生活的一切，而是希望大家可以透過穩定的價值投資，讓資產穩定成長，並在投資之虞，終能藉由這份成長的資產，支持我們去追求真正想要的人生，去實現生活中的種種美好。

你找到適合自己的投資方式了嗎？

- ☑ 如果找到了，恭喜你，你已邁出了通往長期穩健獲利的重要一步。

- 🔍 如果還沒找到，那麼衷心希望這本書能在你的投資旅程中，帶來一些啟發與幫助。

實用工具

如何查詢公司營業項目及比重？

公司年報中一定會有，只不過公司可能會將公司各營業項目統稱為一個項目，這樣子會較難判斷，最好是將營業項目拆分得越詳細越好。有些公司則會在法說會簡報中，提供更詳細的營業項目及比重，這樣的資料對於我們的投資才會有幫助，因為不同類別的營業項目，毛利率不盡相同，有詳細的資料才能深入了解高毛利類別的成長性。

就像是閎康（3587），年報中只有提供「檢測服務收入」100%（圖6.1），法說會中則是將檢測服務分成MA、FA、RA，因為MA、FA的毛利率是30%到40%，RA則是只有10%到15% 圖6.2。

不同類別的毛利率有高低之分，因此細分類別相當重要，因為如果營收成長來自低毛利的類別或衰退來自高毛利的類別，是不利於公司長期的成長！

2.公司目前主要業務之營業比重：

單位：新台幣仟元

產品別	109年度		110年度	
	金額	%	金額	%
檢測服務收入	3,061,573	100.00	3,361,082	100.00
合　計	3,061,573	100.00	3,361,082	100.00

圖6.1　閎康的檢測服務收入
來源：閎康年報

Revenue Breakdown by Labs
-2021/1-9 v.s.Y2020/1-9

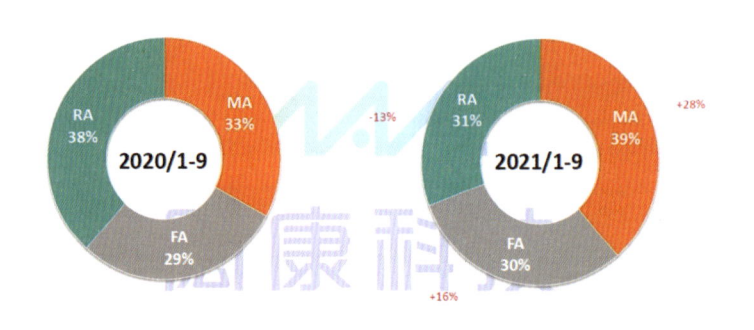

2020/1-9
- RA 38%
- MA 33%
- FA 29%

2021/1-9
- RA 31%
- MA 39% (+28%)
- FA 30% (+16%)

-13%

圖6.2　閎康的檢測服務收入細項
來源：閎康法說會簡報

218

另外,還有一個比較鮮為人知的地方,就是財報最後面會有個「部門資訊」,有些公司會在這邊揭露更多資訊。如果有揭露的公司,不但可以每季定期追蹤各部門營收及占比,甚至還會有更詳細的資料,像是部門損益,這樣更能知道哪個部門是公司的獲利來源及趨勢。

圖6.3是櫻花(9911)財報中部門資訊的內容,可以非常明確地知道公司獲利來源是瓦斯器具及廚具事業部,那我就針對這兩個部門去深入研究公司的未來展望。

民國一一四年第一季

	瓦斯器具事業部	廚具事業部	BVI	其他部門	調節及銷除	合計
收入						
來自外部客戶收入	$1,563,407	$949,149	$-	$247,023	$-	$2,759,579
部門間收入	109,259	-	-	-	(109,259)	-
收入合計	$1,672,666	$949,149	$-	$247,023	$(109,259)	$2,759,579
部門損益	$377,630	$197,412	$32,216	$(78,553)	$(50,742)	$477,963

圖6.3　櫻花財報

如何查詢公司的銷售地區?

地緣政治、關稅、匯率等,都是會影響公司獲利的外在因素,所以銷售地區其實比一般人想像中來得重要。不過這跟營業項目及比重有類似的情況,年報通常會揭露,但不見得夠詳細,有時候在法說會簡報中,會揭露更詳細的資訊。

就像閎康(3587),年報中只有區分內銷、亞洲、歐洲、美洲(圖6.4),法說會簡報中則是更詳細分成台灣、中國、日本(圖6.5),這樣就能針對各地區,更進一步分析其市場概況,作為判斷依據。

1.主要商品(服務)之銷售(提供)地區

單位:新台幣仟元

銷售區域	年度	109年度 銷售金額	%	110年度 銷售金額	%
內	銷	1,299,711	42.45	1,415,395	42.11
外 銷	亞洲	1,631,758	53.30	1,790,539	53.27
	歐洲	15,869	0.52	25,639	0.76
	美洲	114,235	3.73	129,509	3.86
合	計	3,061,573	100.00	3,361,082	100.00

圖6.4 閎康年報中的銷售地區

2021/1-9 Revenue YoY + 9%

Unit : NT$K

- Japan 4%
- China 47%
- 2020/1-9
- TW 49%

- Japan 4%
- China 46%
- 2021/1-9
- TW 50%

圖6.5　閎康法說會簡報中的銷售地區

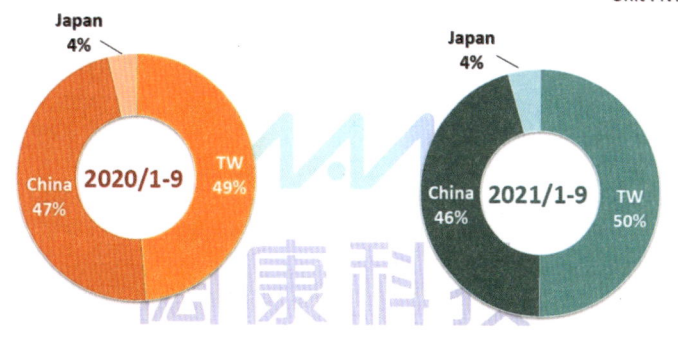

　　如果將營業項目及比重、銷售地區的資訊統整起來，依照成長率及趨勢去觀察，會讓自己對於公司營收及獲利來源，更加有輪廓，在思考及判斷上也會更具邏輯性。

　　但是年報、法說會簡報、財報中，公司要揭露多麼詳細的資訊並沒有一定，有時候在年報及法說會簡報中找不到，財報中卻可以找到，這就考驗每個人資訊蒐集的能力了，所以就算是公開資訊，有些人可以掌握、有些人卻無法掌握，掌握到的人自然就有更多的底氣，做出更正確的決策。

量化資訊統整網站

Goodinfo：

https://goodinfo.tw/tw/index.asp

　　提供非常詳細的量化數據，基本上大部分財報中的量化數據都找得到；而且除了基本面之外，技術、籌碼相關資訊通通都有，是一個通用又免費的網站。

財報狗：

https://statementdog.com/

　　跟 Goodinfo 類似，但如果要說數據的多樣性，稍微不如 Goodinfo，畢竟就如它的名字一樣，它著重在基本面的財報上，非常適合看重基本面的價值投資人，而且還將數據圖表化，對於價值投資人來說相當友善，因為用圖表能夠很清楚看出一段時間的趨勢及變化。

Kelvin 價值投資工具包（優分析）：

https://pro.uanalyze.com.tw/e-com/product-detail/986

　　這套模組是我將自己平常最常關注的重點資訊，系統化整理而成。雖然內容的多樣性不及 Goodinfo 及財報狗，但涵蓋的都是我認為比較具參考價值的核心數據，並以圖表化

方式清晰呈現,且可依需求彈性調整圖表內容。

　　此外,模組中還提供其他詳細的資訊,例如:公司簡介、營收比重與金額、銷售地區,以及法說會簡報、影音與逐字稿等。

　　這套模組免費提供使用,歡迎自由索取。

新商業周刊叢書 BW0876
價值投資翻身筆記
5大穩健理財觀念 × 年化報酬率50%
投資心法，30歲前達成買房目標！

作　　　者／	Kelvin 價值投資
責 任 編 輯／	黃鈺雯
版　　　權／	吳亭儀、顏慧儀、江欣瑜、游晨瑋
行 銷 業 務／	周佑潔、林秀津、林詩富、吳藝佳、吳淑華
總 編 輯／	陳美靜
總 經 理／	賈俊國
事業群總經理／	黃淑貞
發 行 人／	何飛鵬
法 律 顧 問／	元禾法律事務所　王子文律師
出　　　版／	商周出版
	115台北市南港區昆陽街16號4樓
	電話：(02)2500-7008　傳真：(02)2500-7579
	E-mail：bwp.service@cite.com.tw
發　　　行／	英屬蓋曼群島商家庭傳媒股份有限公司　城邦分公司
	115台北市南港區昆陽街16號8樓
	讀者服務專線：0800-020-299　24小時傳真服務：(02)2517-0999
	讀者服務信箱：service@readingclub.com.tw
	劃撥帳號：19833503
	戶名：英屬蓋曼群島商家庭傳媒股份有限公司城邦分公司
香港發行所／	城邦(香港)出版集團有限公司
	香港九龍土瓜灣土瓜灣道86號順聯工業大廈6樓A室
	電話：(852)2508-6231　傳真：(852)2578-9337
	E-mail：hkcite@biznetvigator.com
馬新發行所／	城邦(馬新)出版集團 Cite (M) Sdn Bhd
	41, Jalan Radin Anum, Bandar Baru Sri Petaling, 57000 Kuala Lumpur, Malaysia.
	電話：(603)9056-3833　傳真：(603)9057-6622
	E-mail：services@cite.my

國家圖書館出版品預行編目(CIP)數據

價值投資翻身筆記：5大穩健理財觀念 × 年化報酬率50%投資心法，30歲前達成買房目標！/Kelvin價值投資著. -- 初版. -- 臺北市：商周出版：英屬蓋曼群島商家庭傳媒股份有限公司城邦分公司發行, 2025.09
　　面；　公分. -- (新商業周刊叢書；BW0876)
ISBN 978-626-390-618-1 (平裝)

1.CST: 個人理財 2.CST: 投資

563　　　　　　　　　　114009568

封 面 設 計／	萬勝安	內文排版／無私設計‧洪偉傑	印刷／鴻霖印刷傳媒股份有限公司
經 銷 商／	聯合發行股份有限公司	電話：(02)2917-8022　傳真：(02) 2911-0053	
		地址：新北市231新店區寶橋路235巷6弄6號2樓	

ISBN／978-626-390-618-1（紙本）　978-626-390-613-6（EPUB）
定價／400元（紙本）　280元（EPUB）

2025年9月初版
2025年9月初版2.7刷

版權所有‧翻印必究（Printed in Taiwan）

城邦讀書花園
www.cite.com.tw